MANI OCCUPATE

LIBRI PER BAMBINI 4-6 ANNI | VOL. 1 | COME DISEGNARE

ActivityCrusades

Pubblicato da Speedy Publishing Canada Limited

ActivityCrusades
activity books

COME DISEGNARE

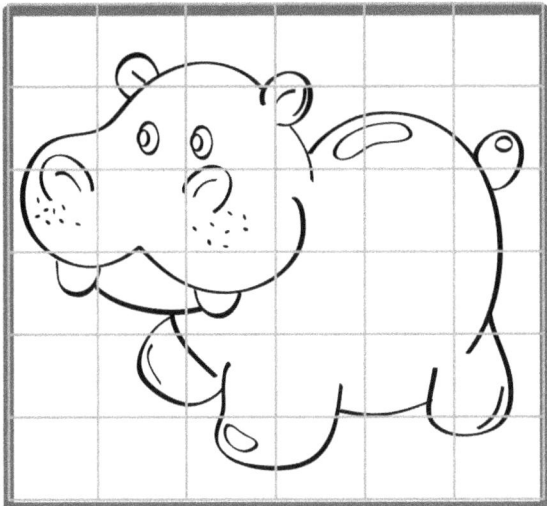

PUOI COPIARE QUESTO?

Disegnate l'immagine con le righe come la tua guida e coloratela!

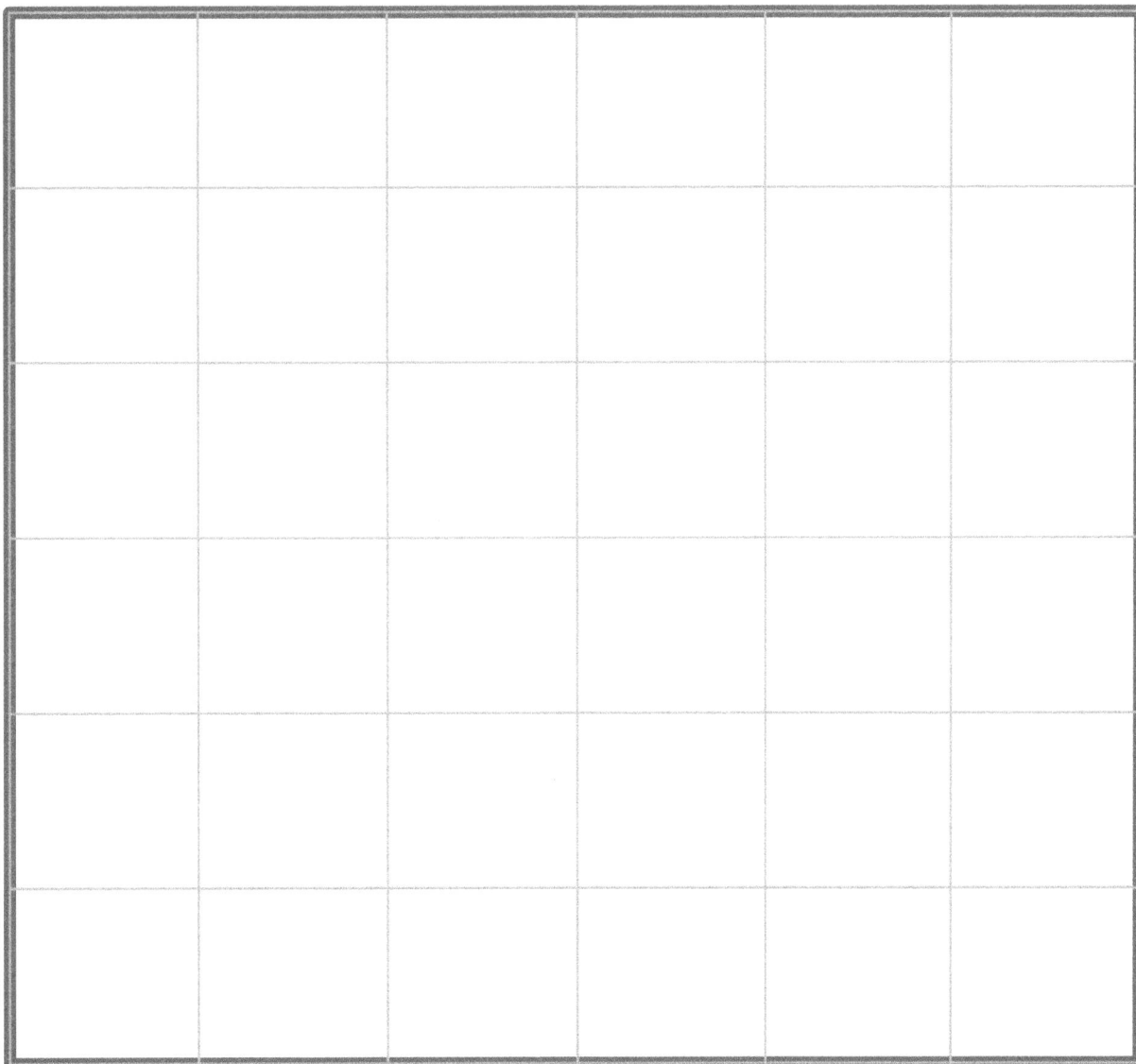

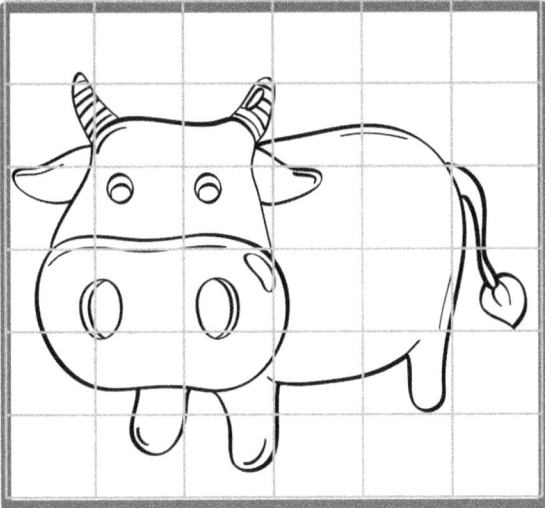

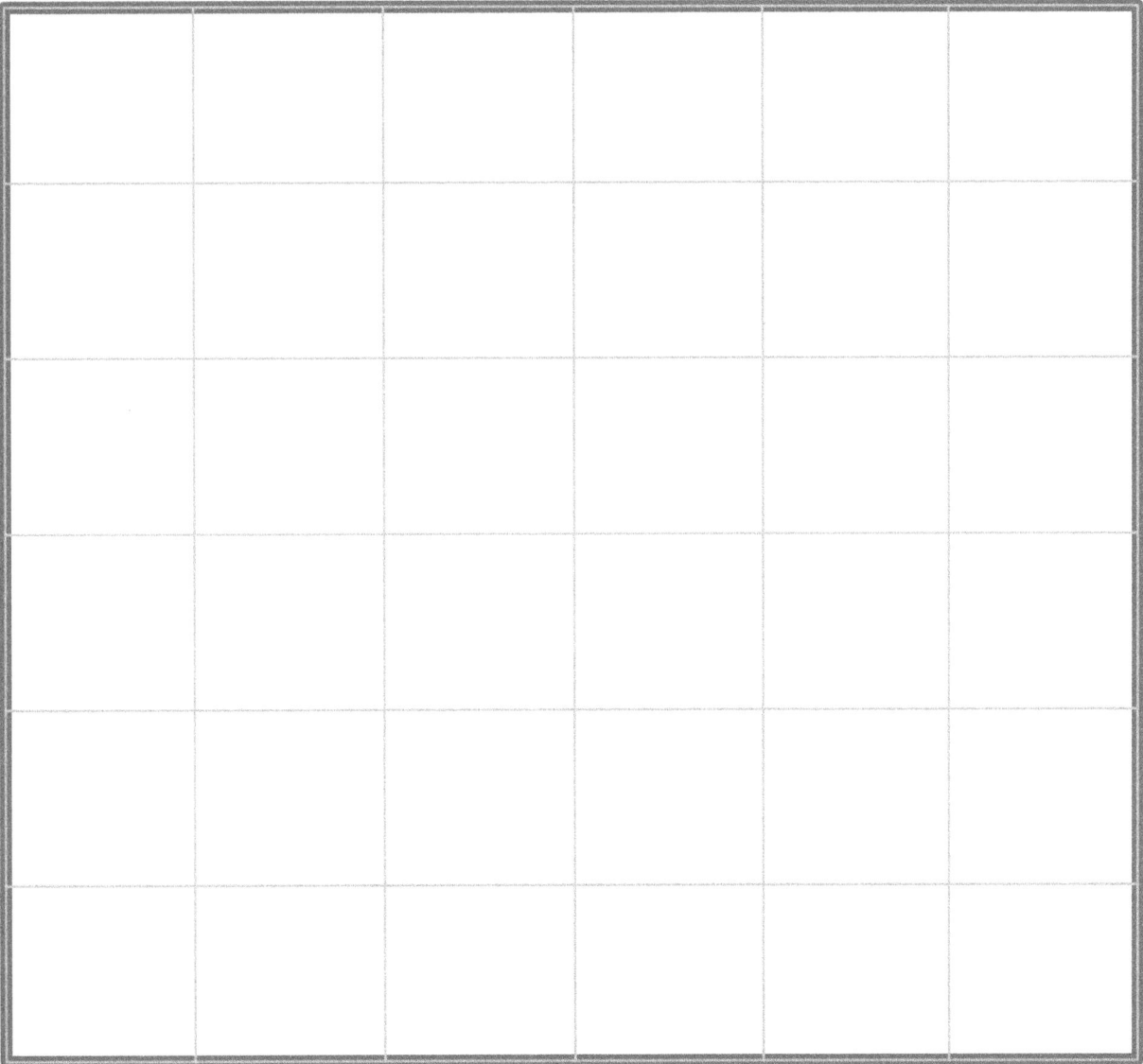

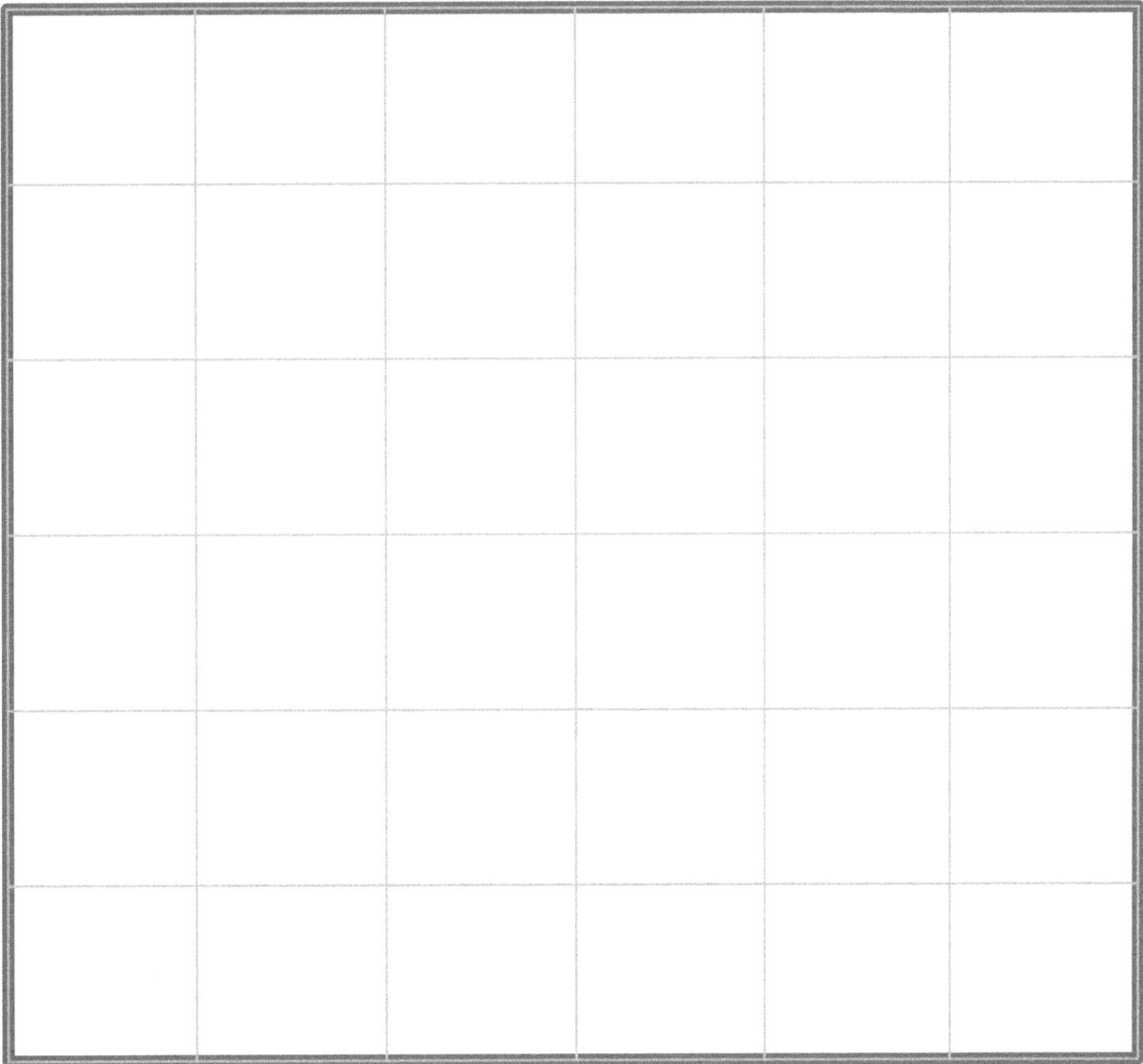

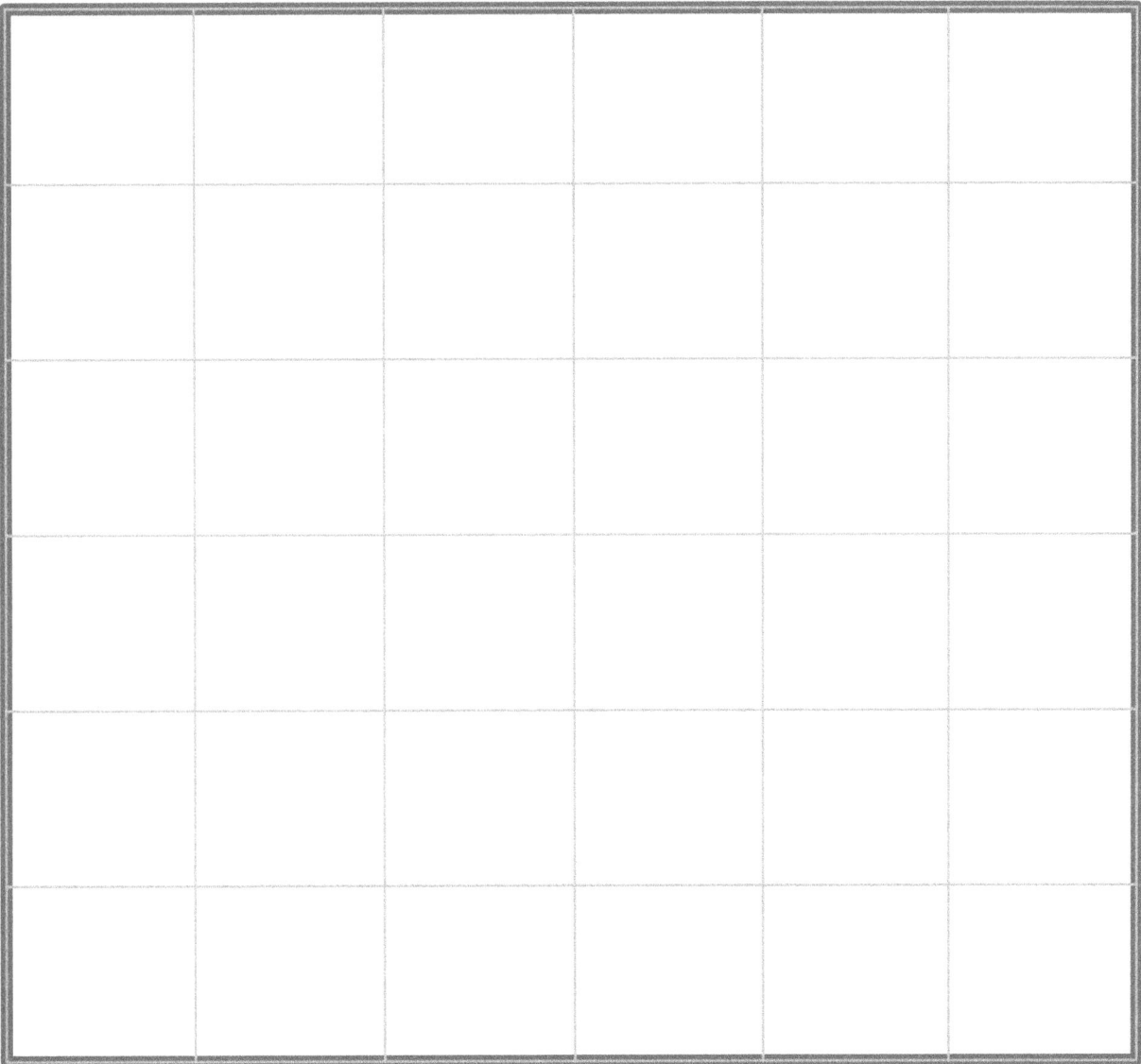

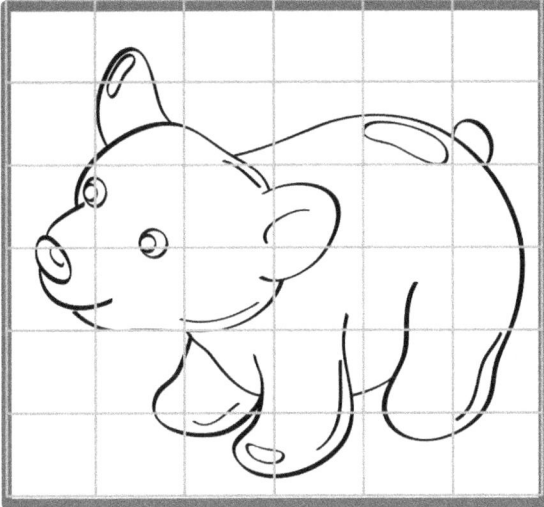

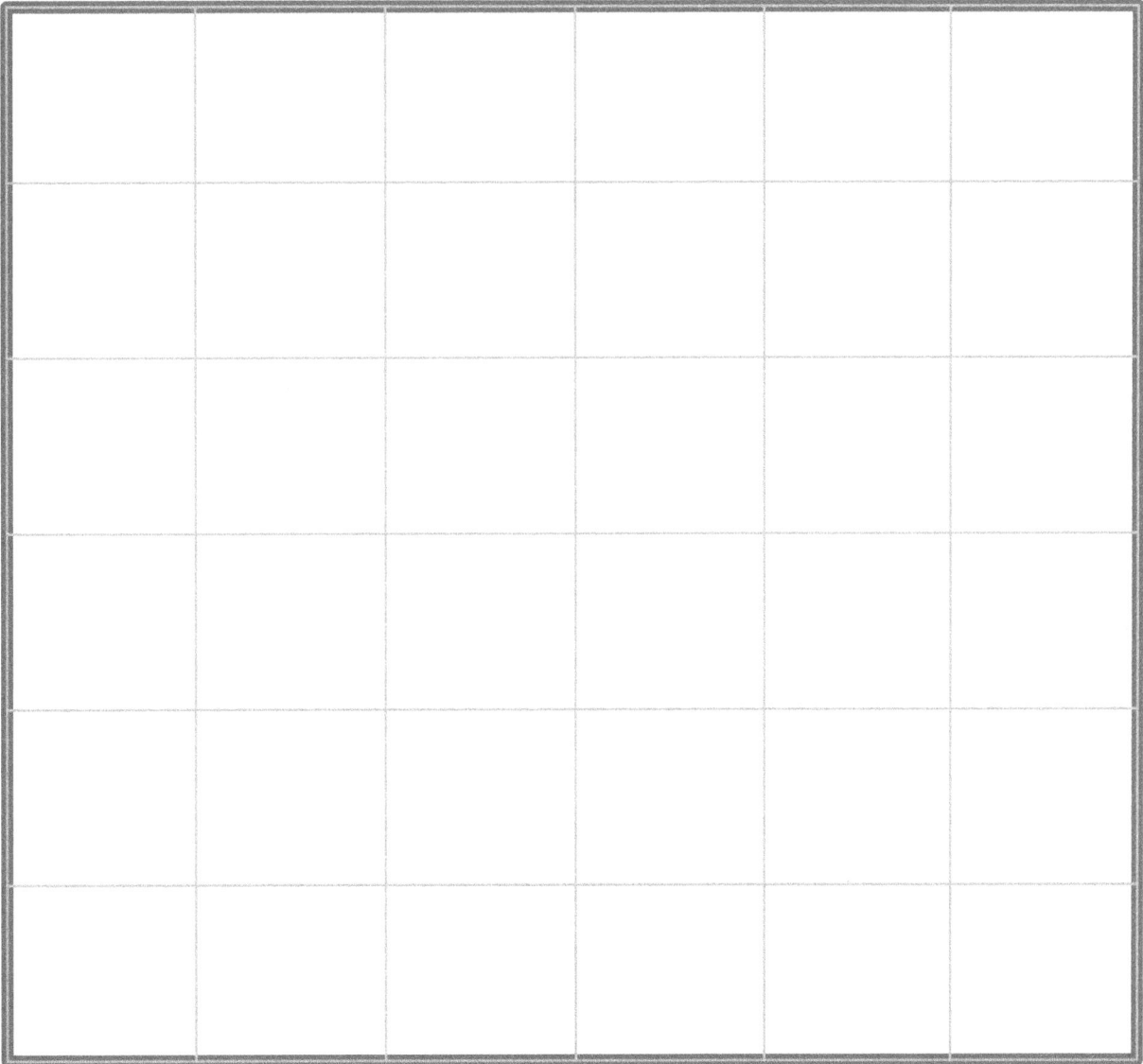

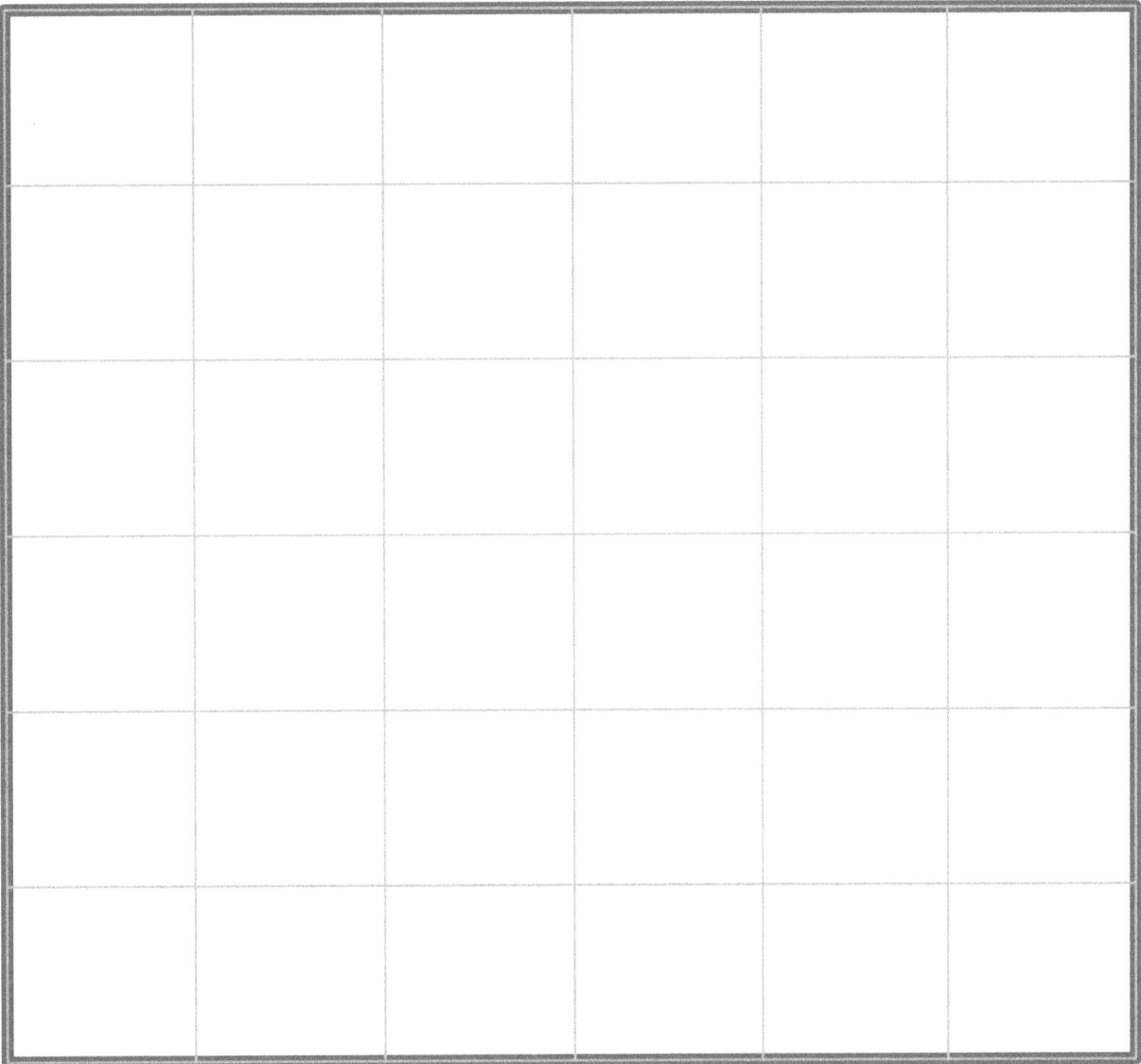

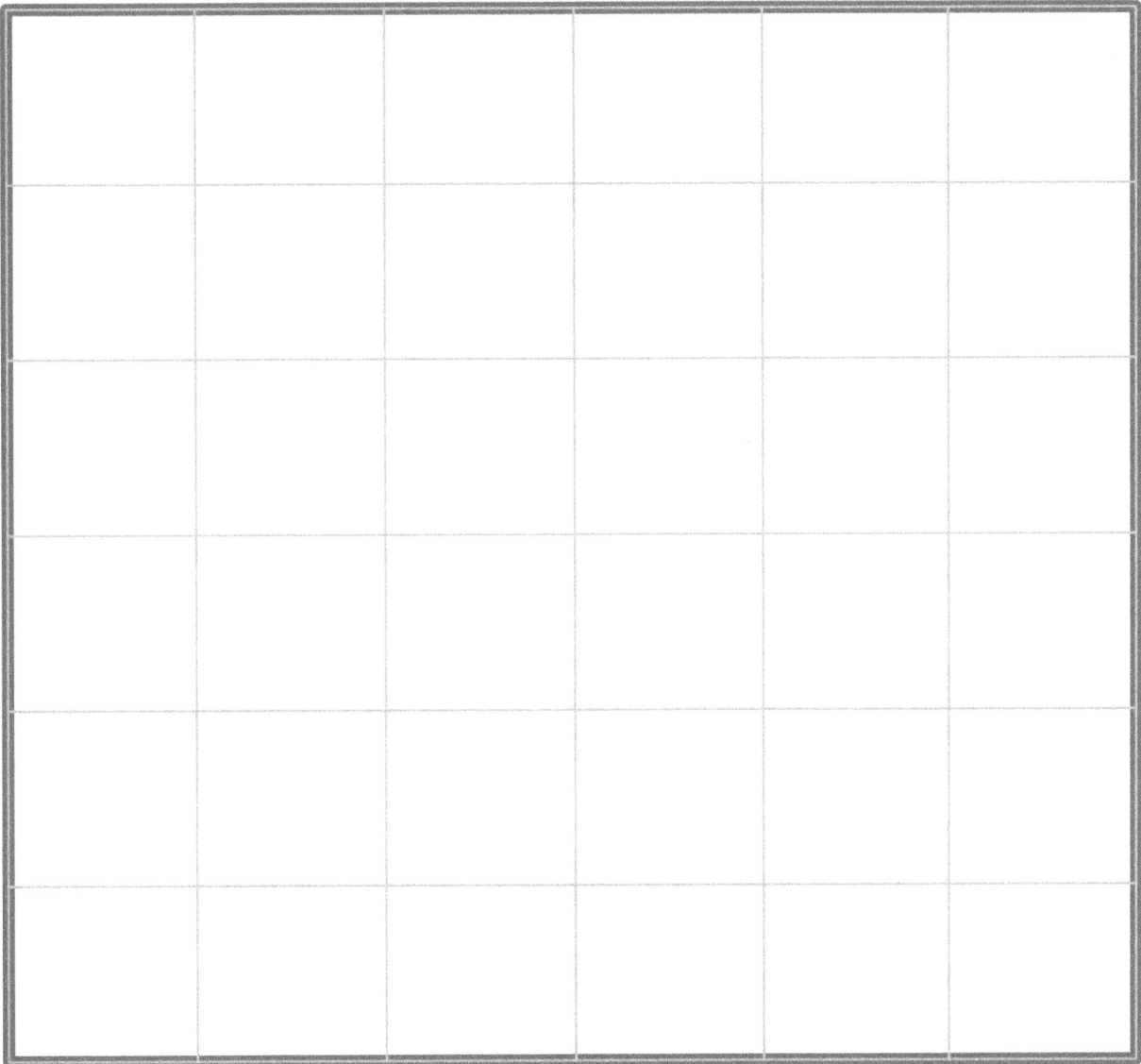

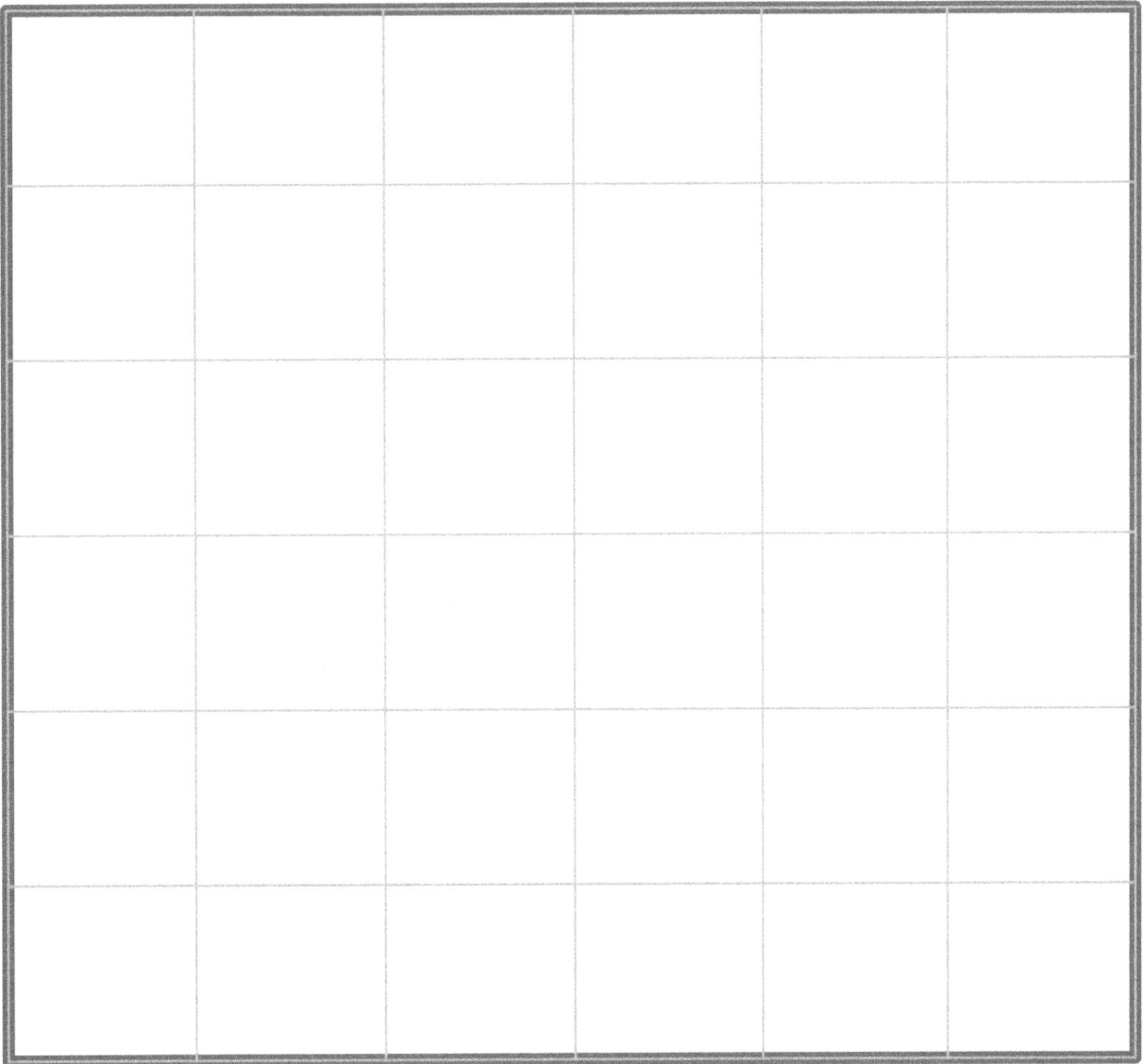

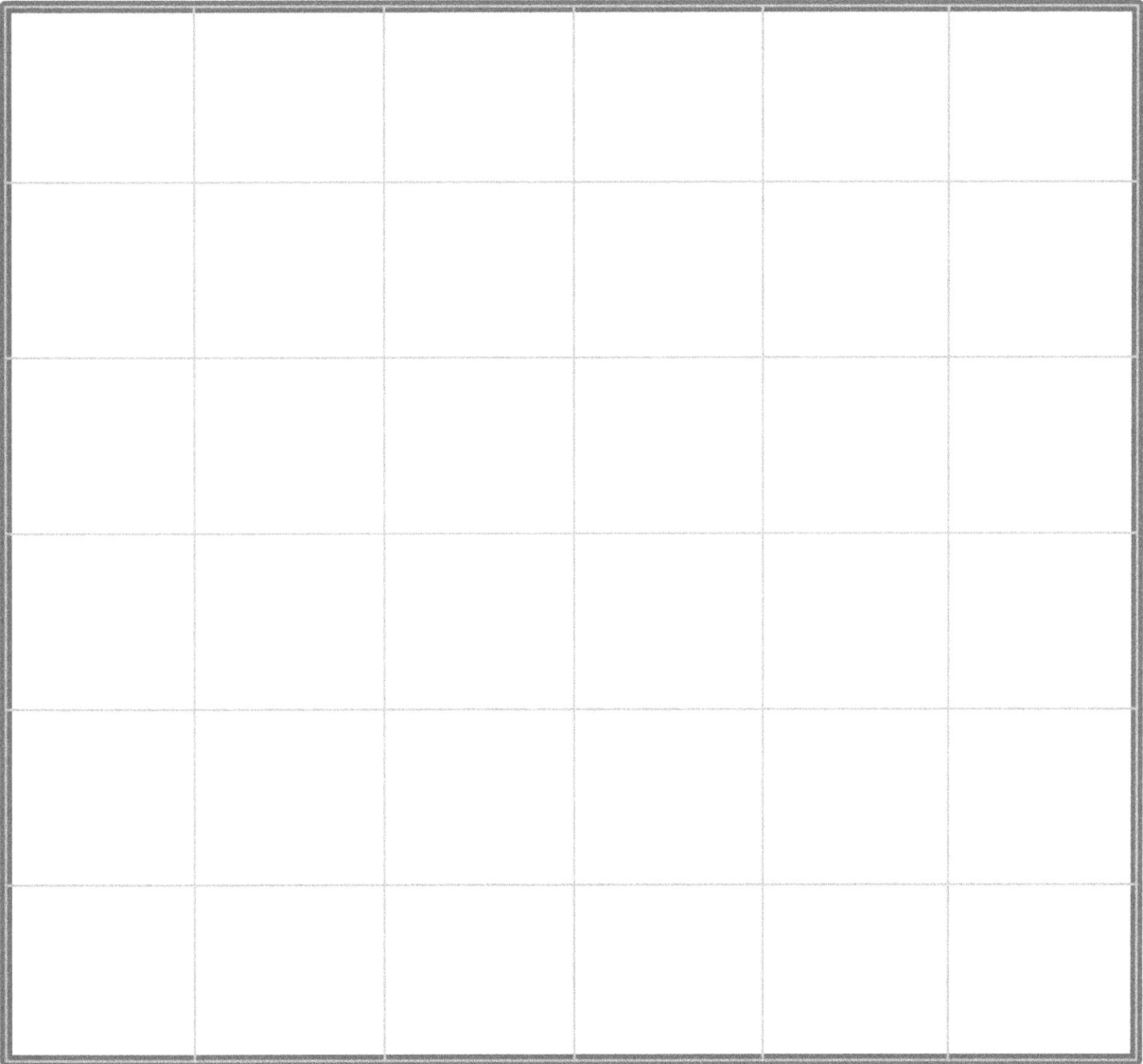

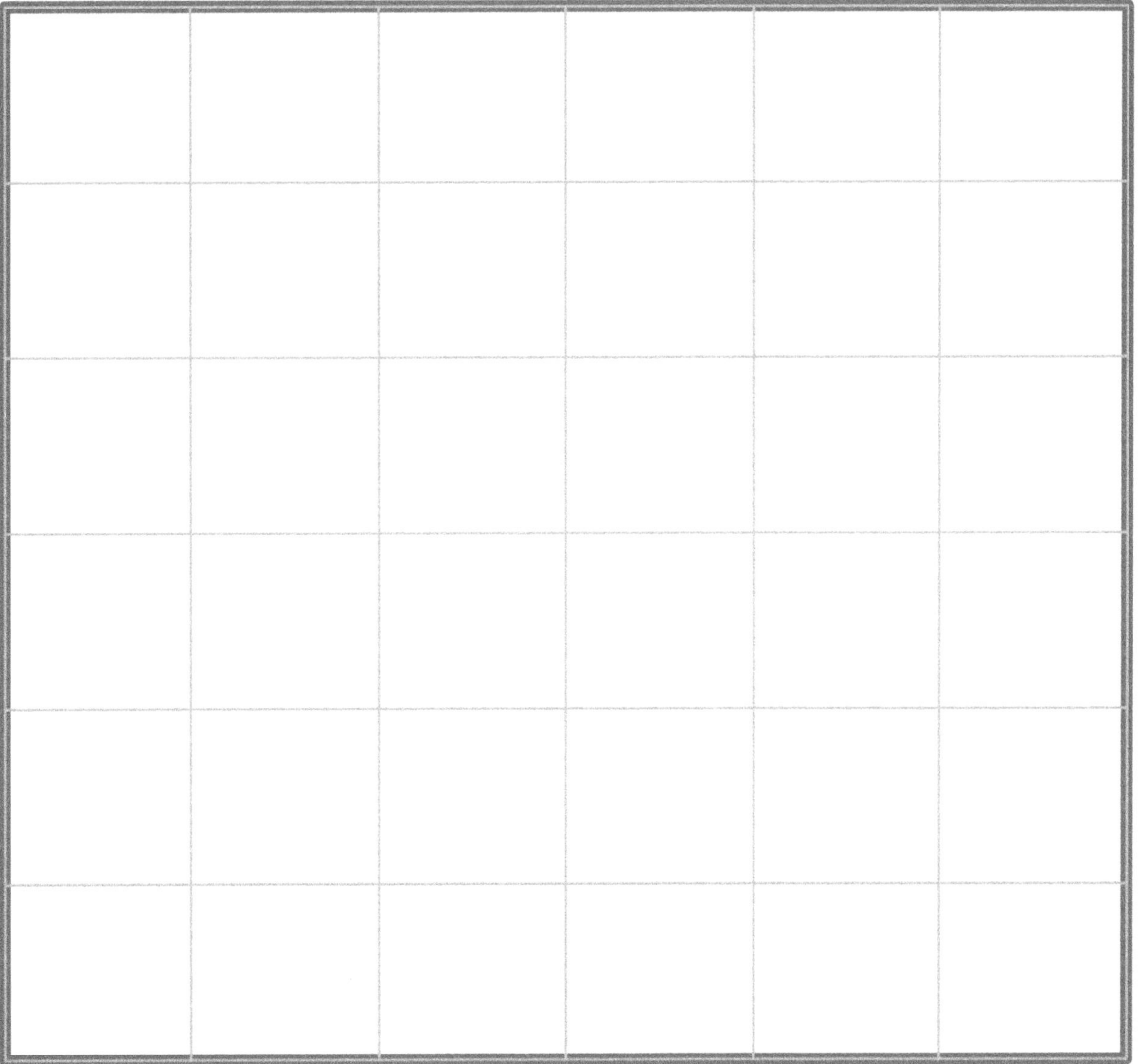

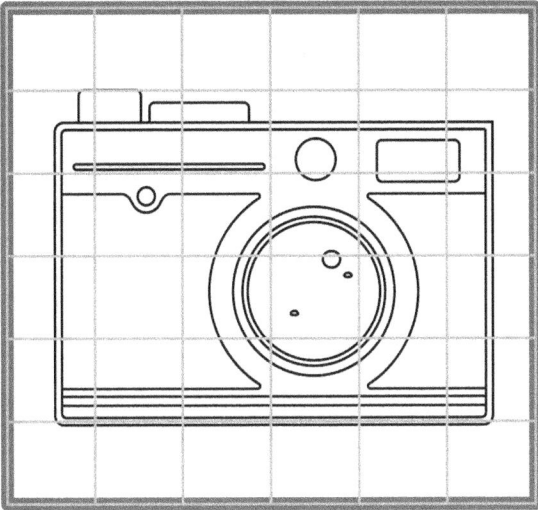

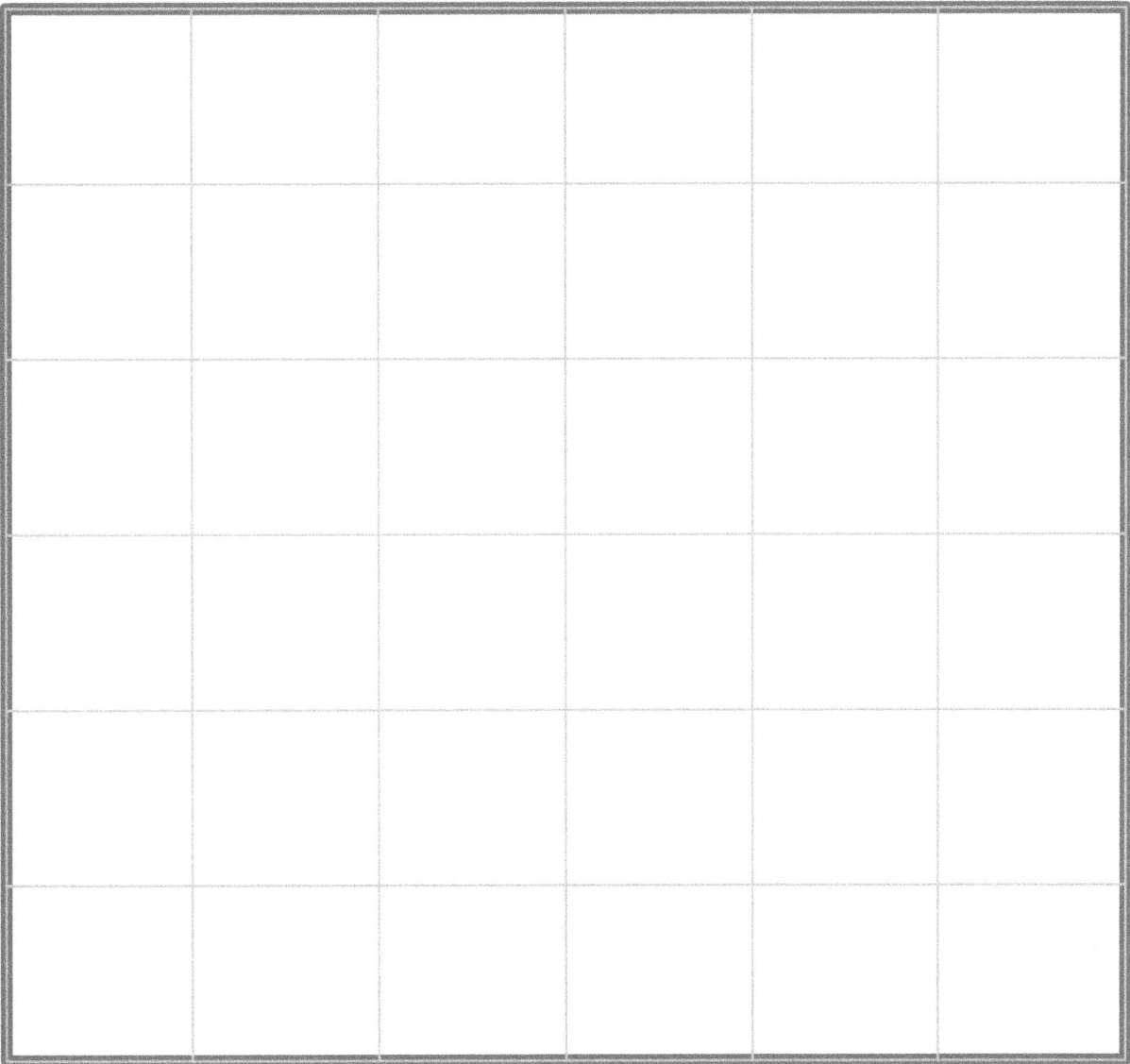

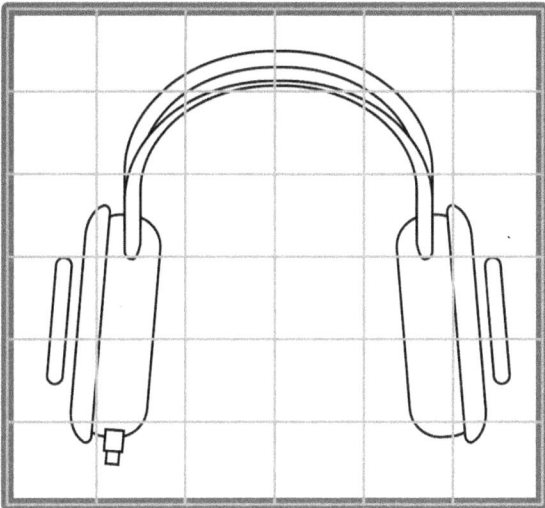

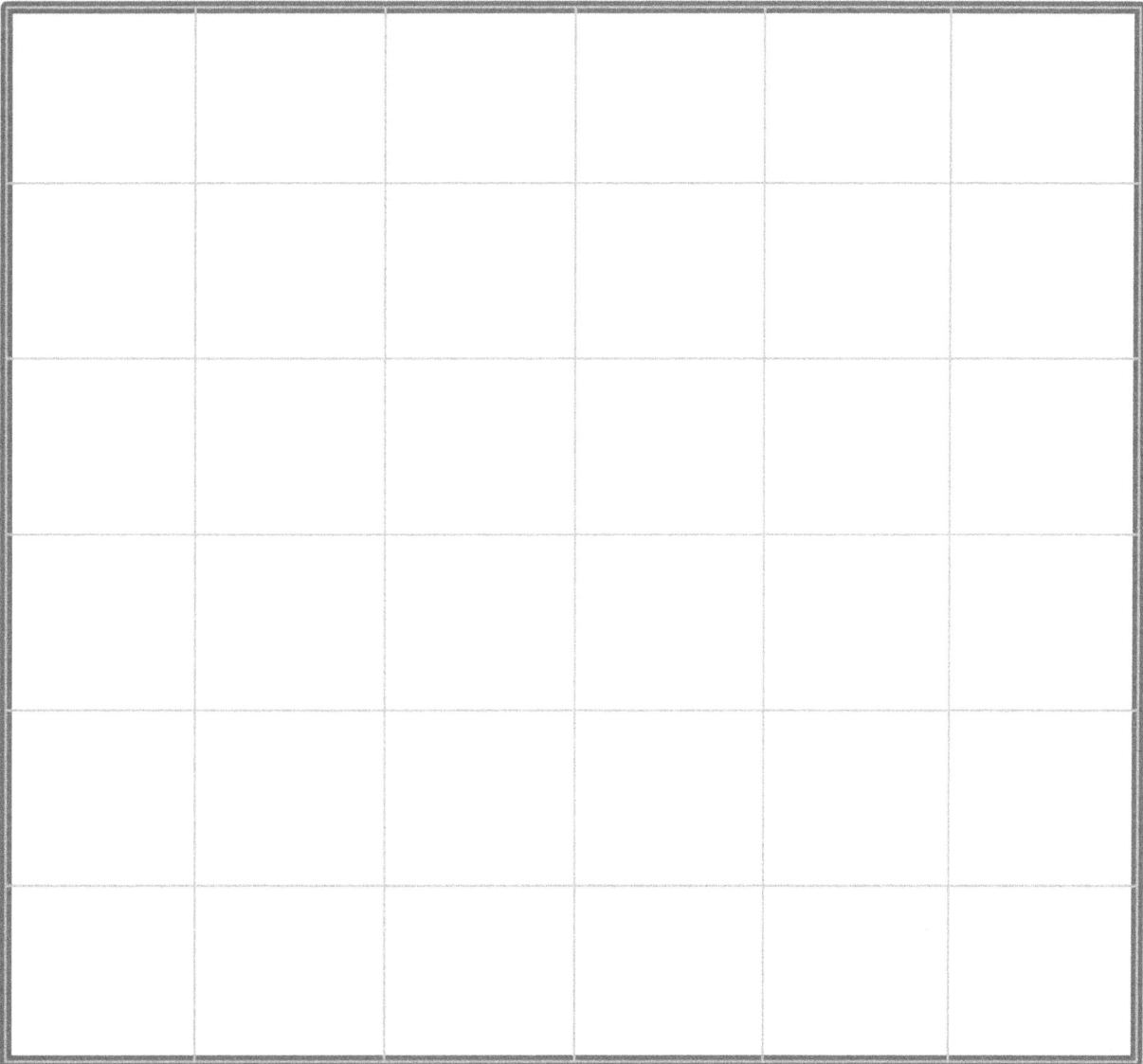

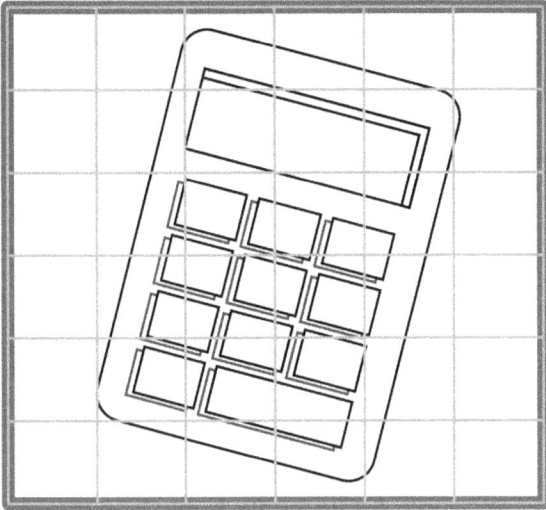

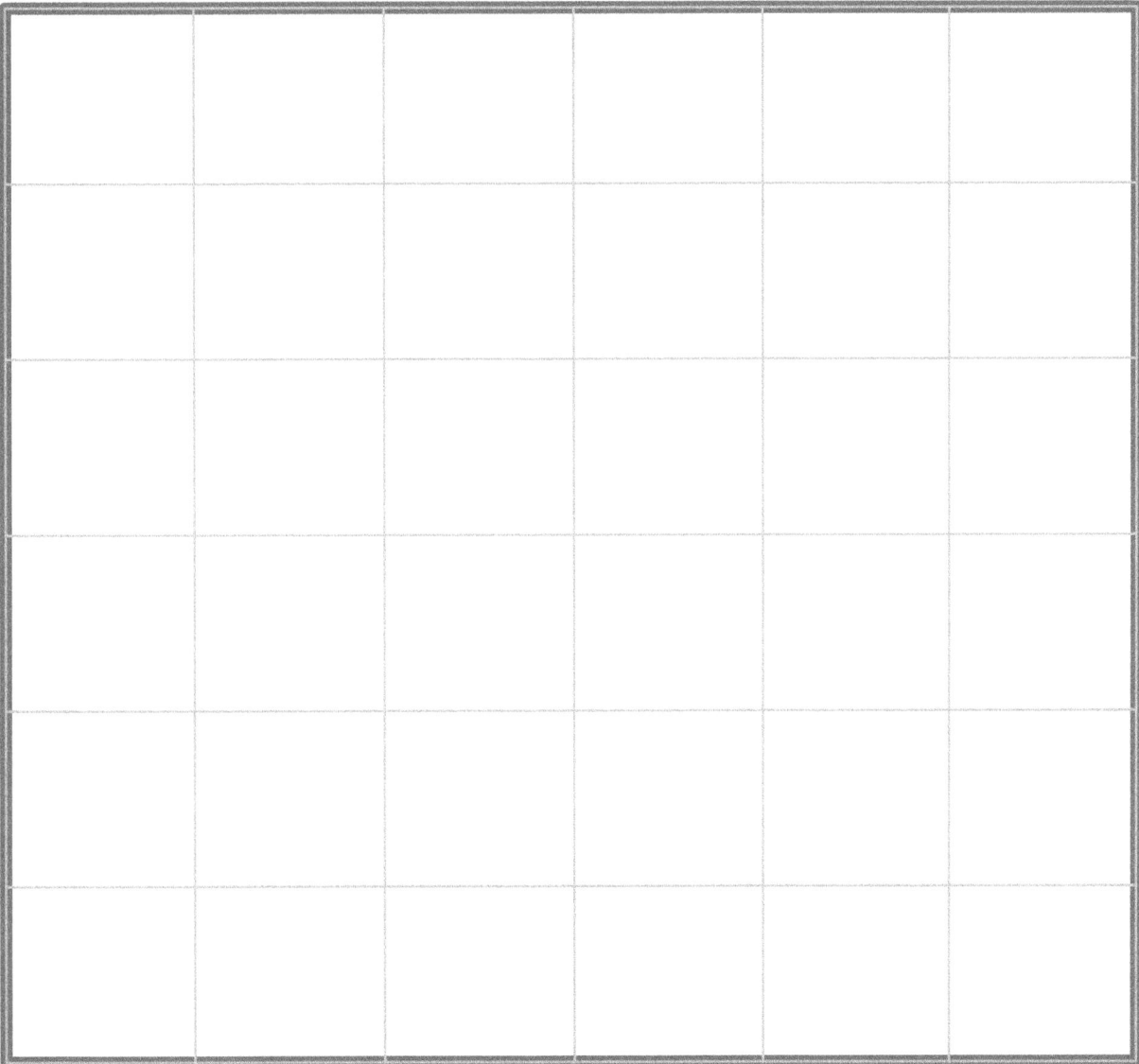

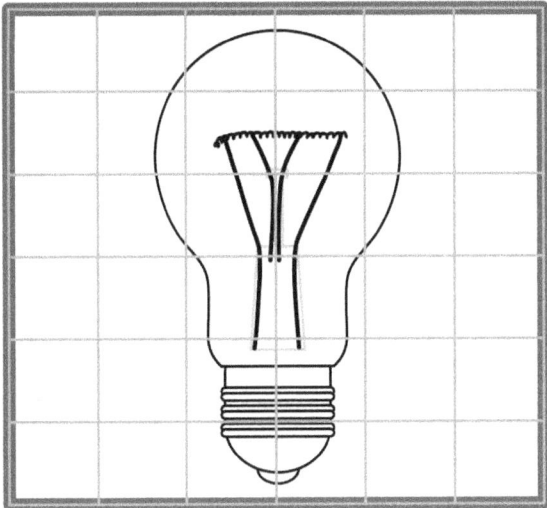

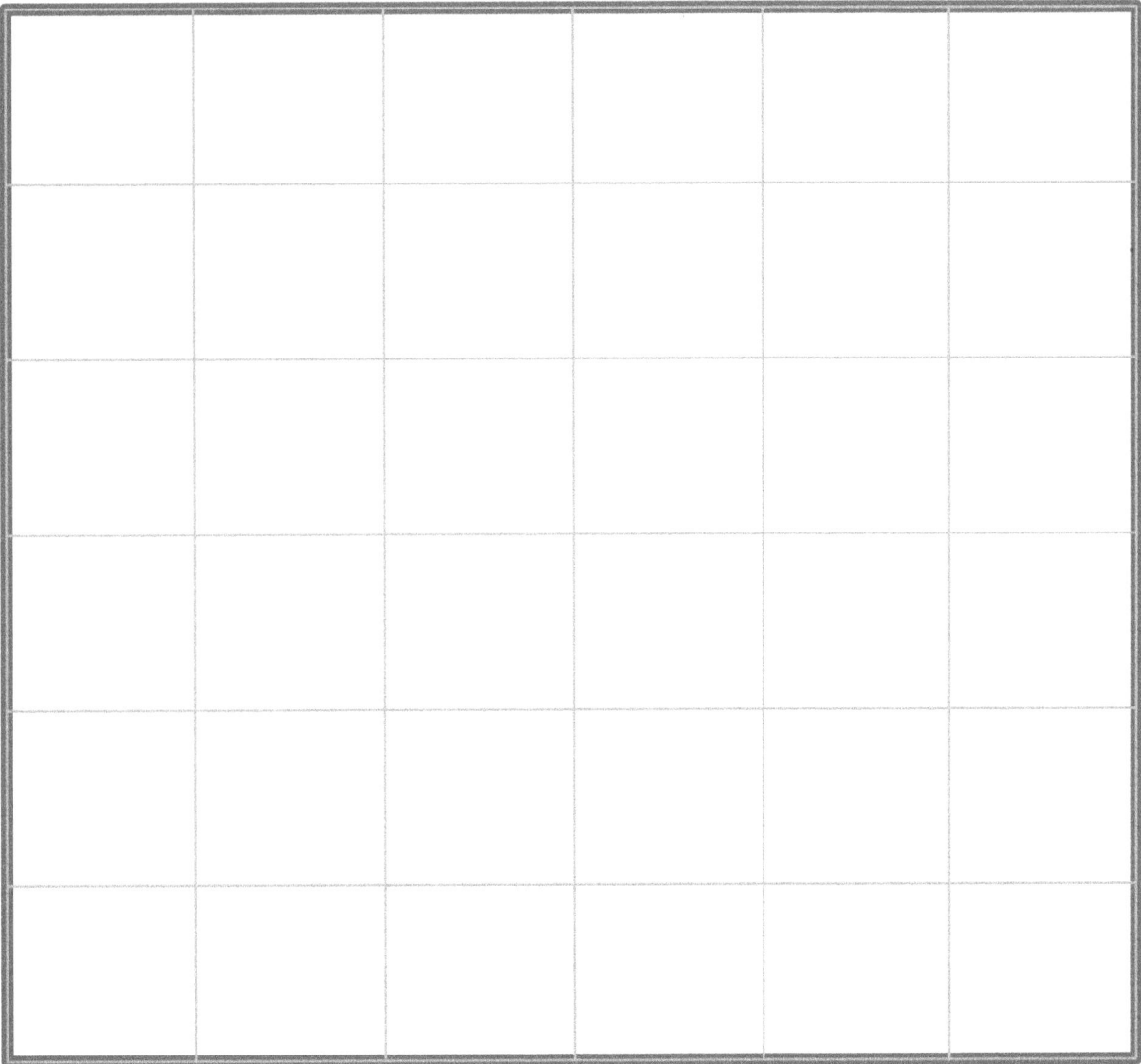

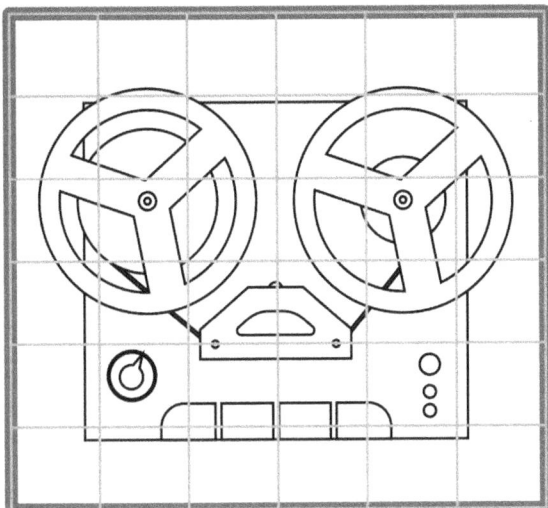

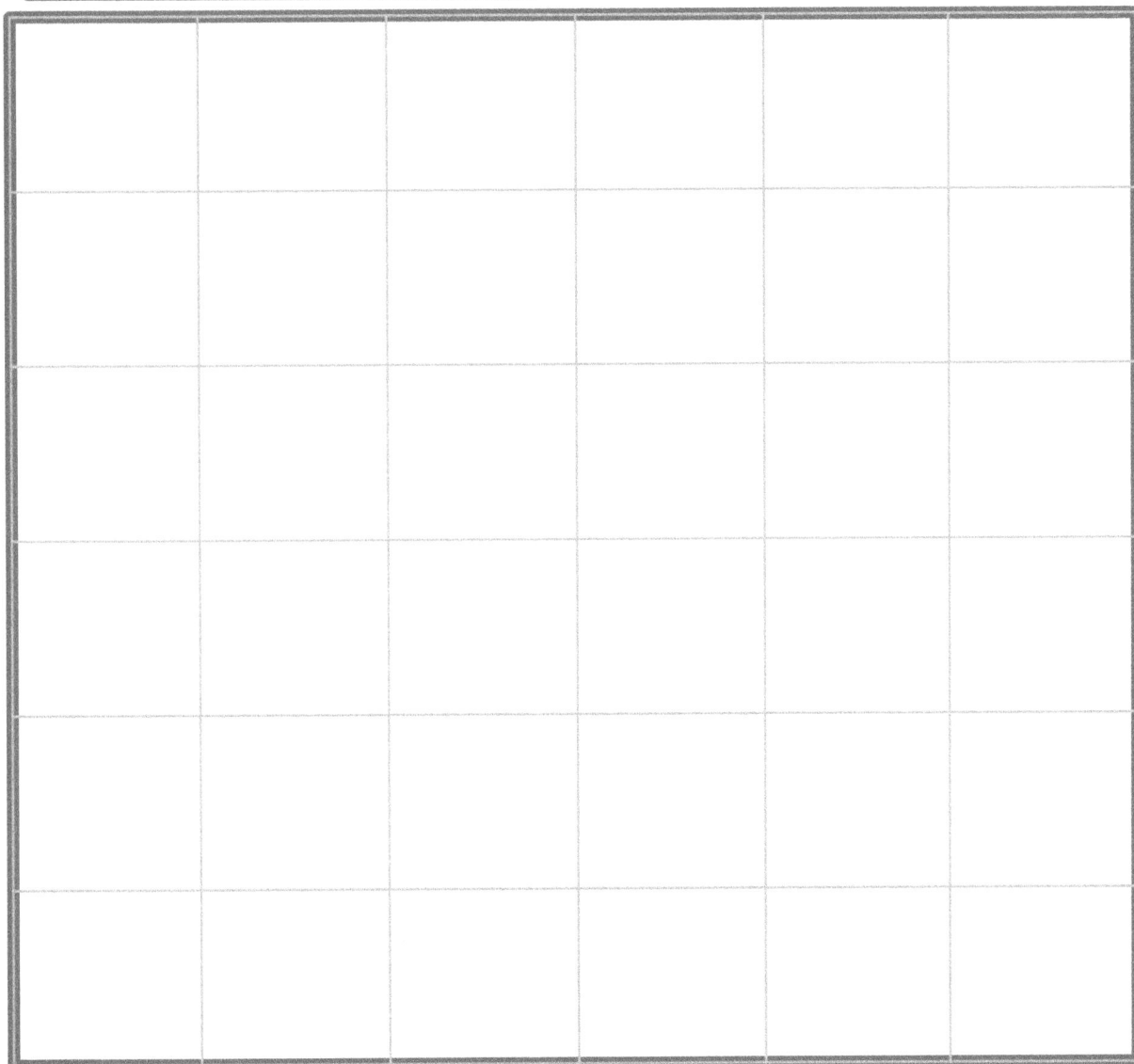

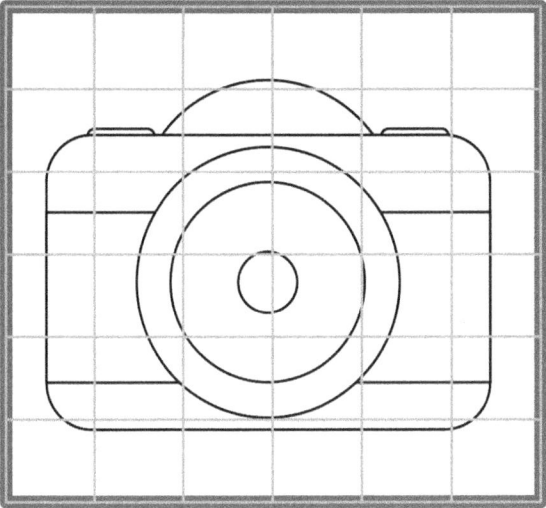

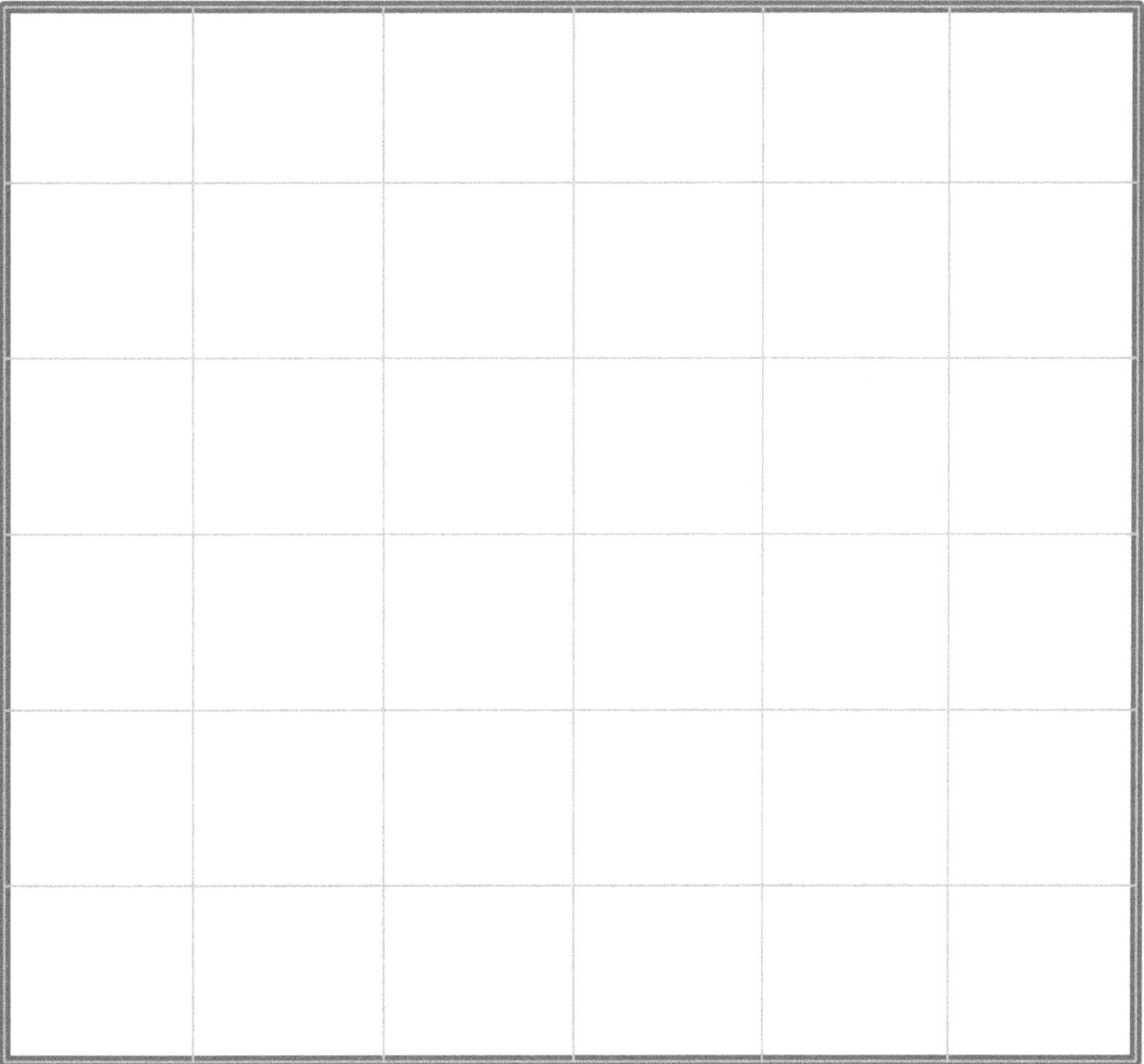

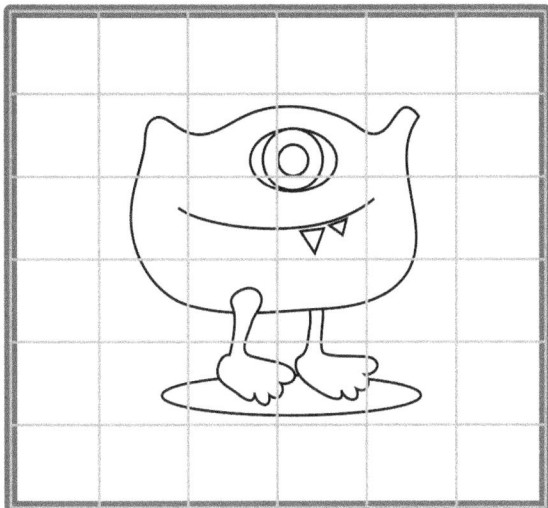

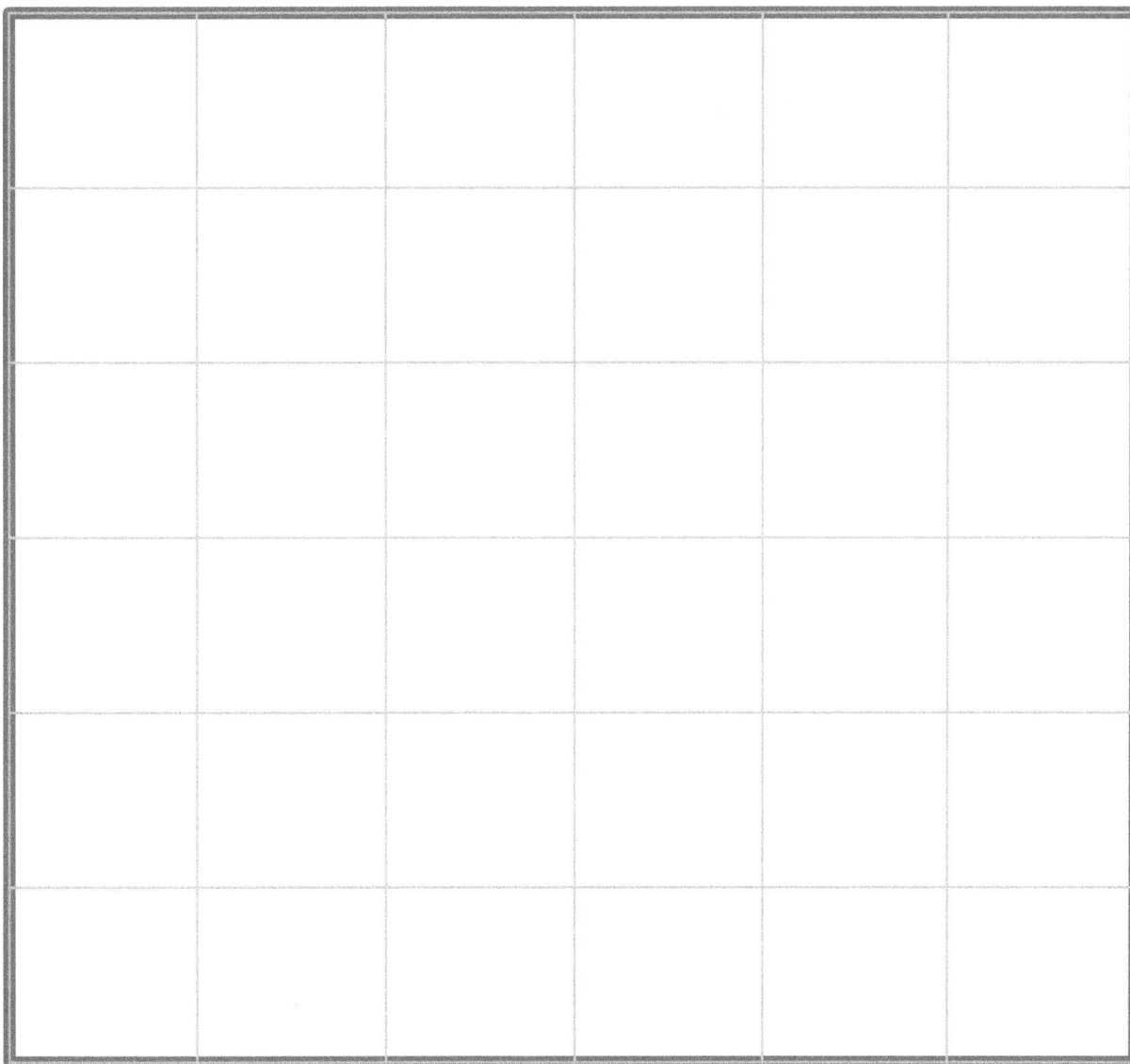

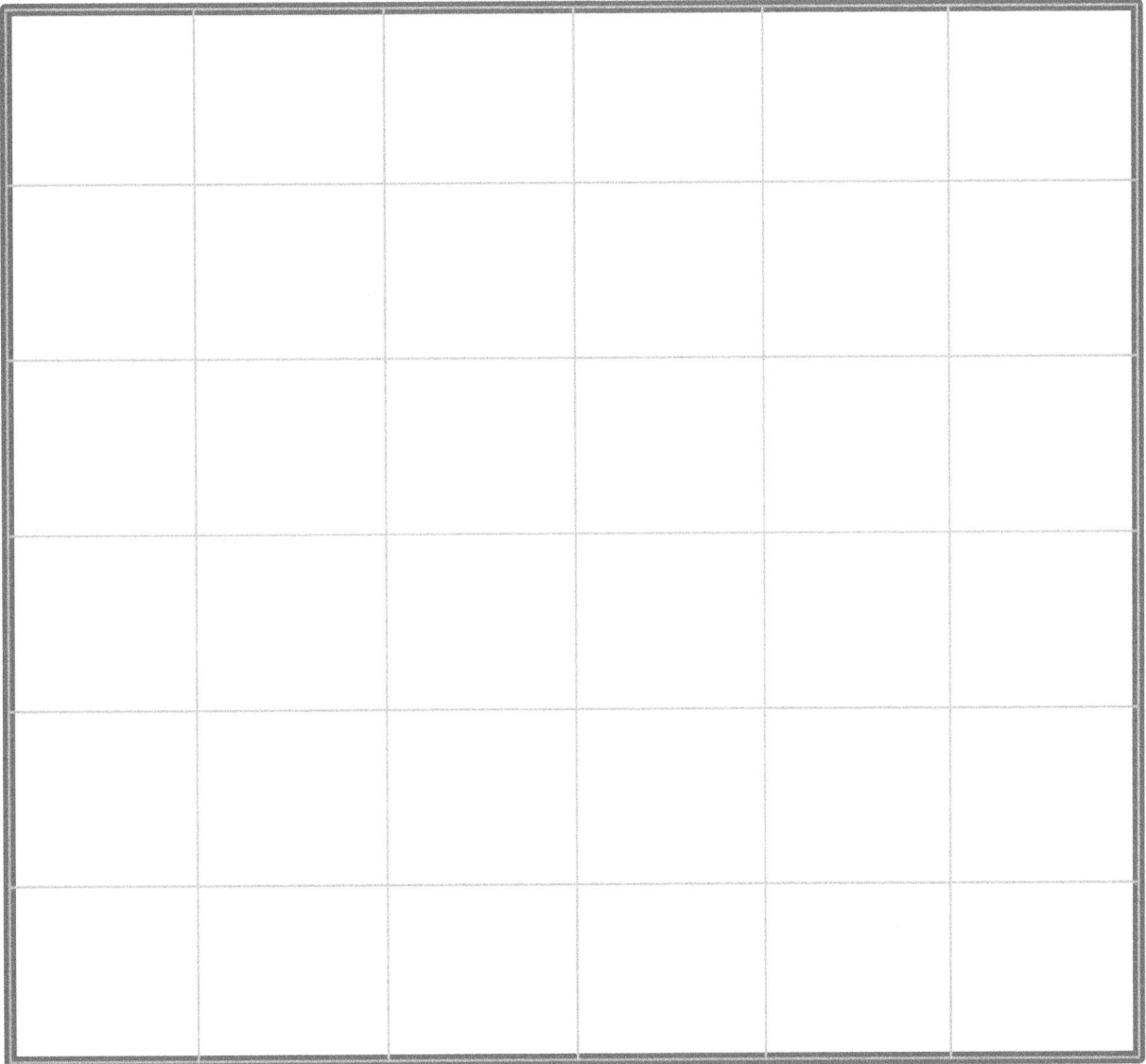

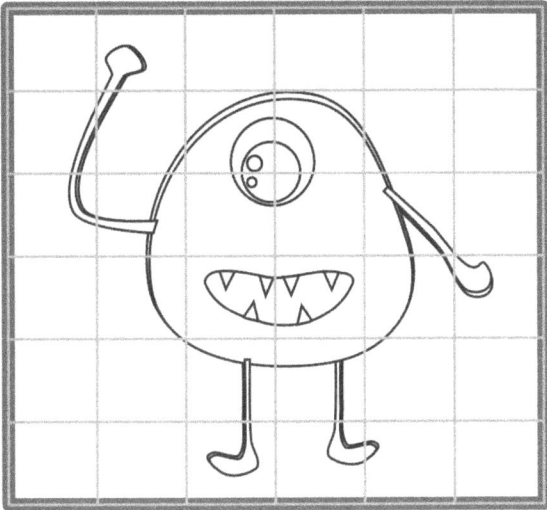

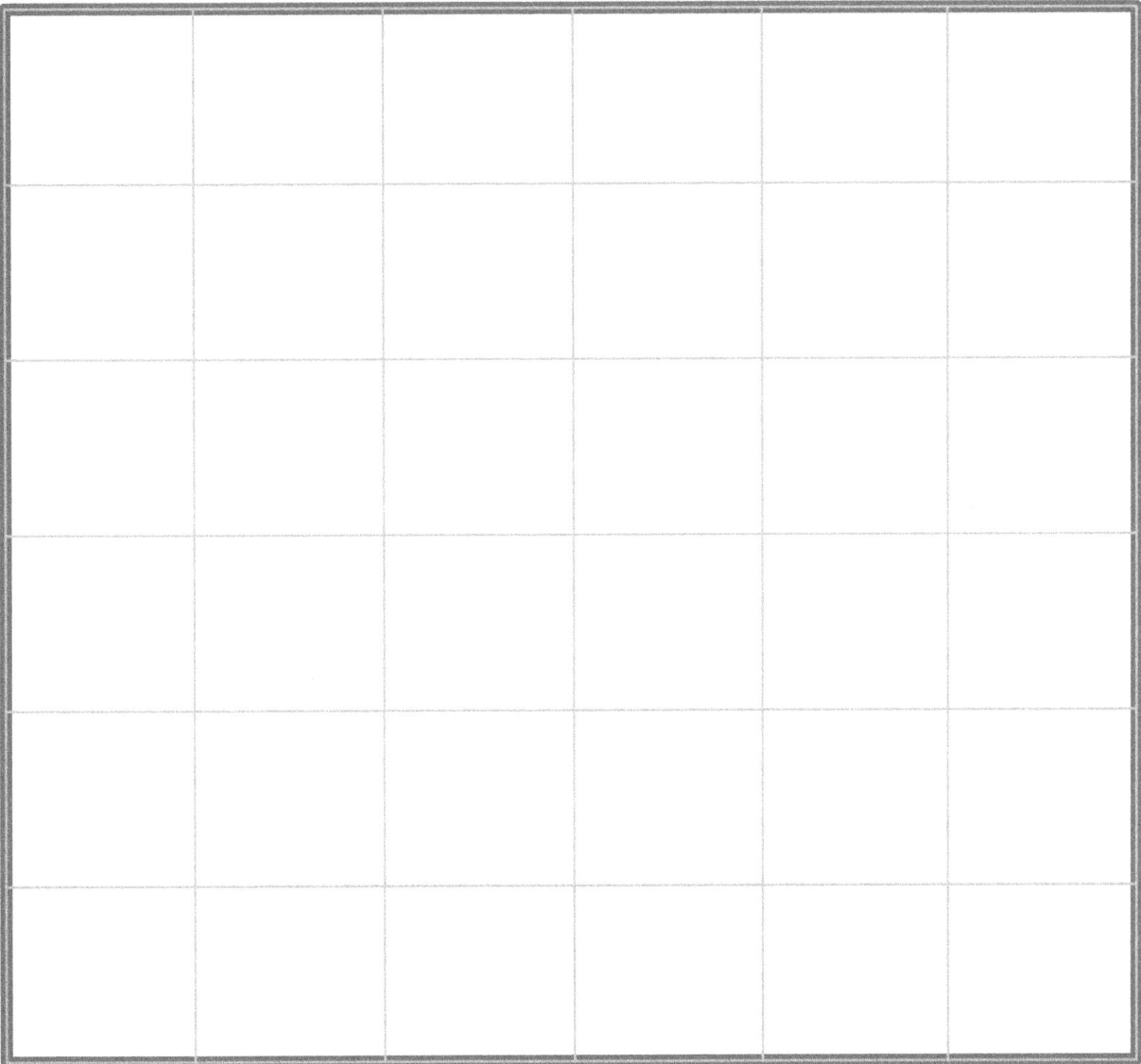

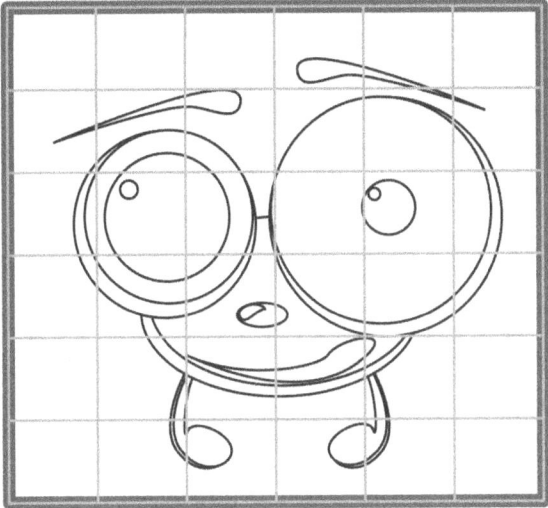

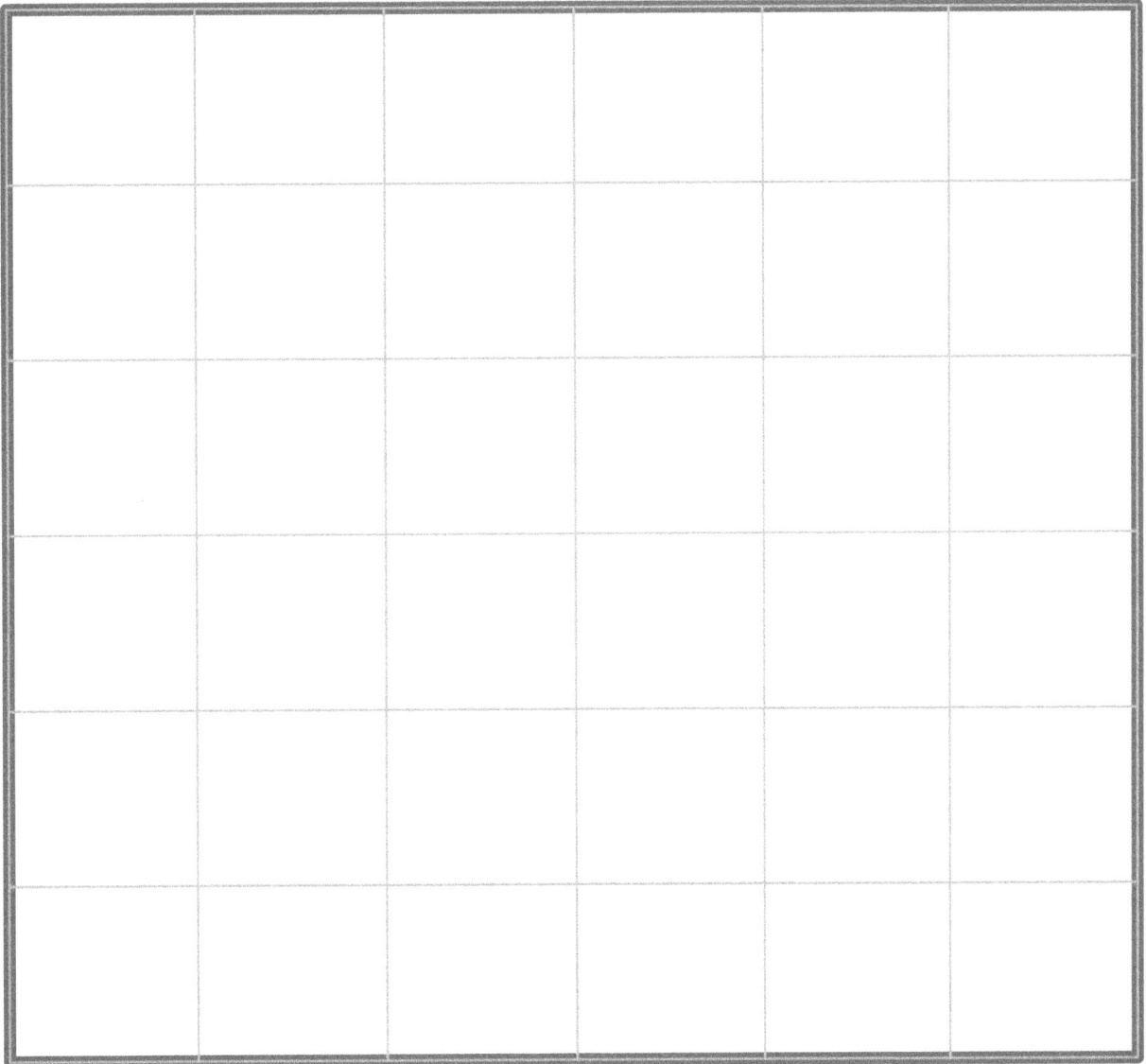

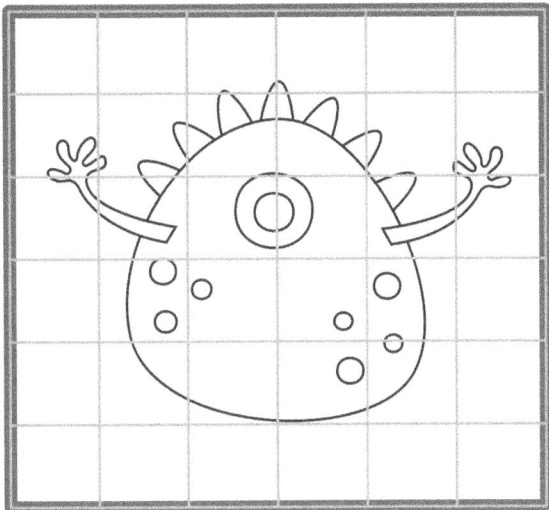

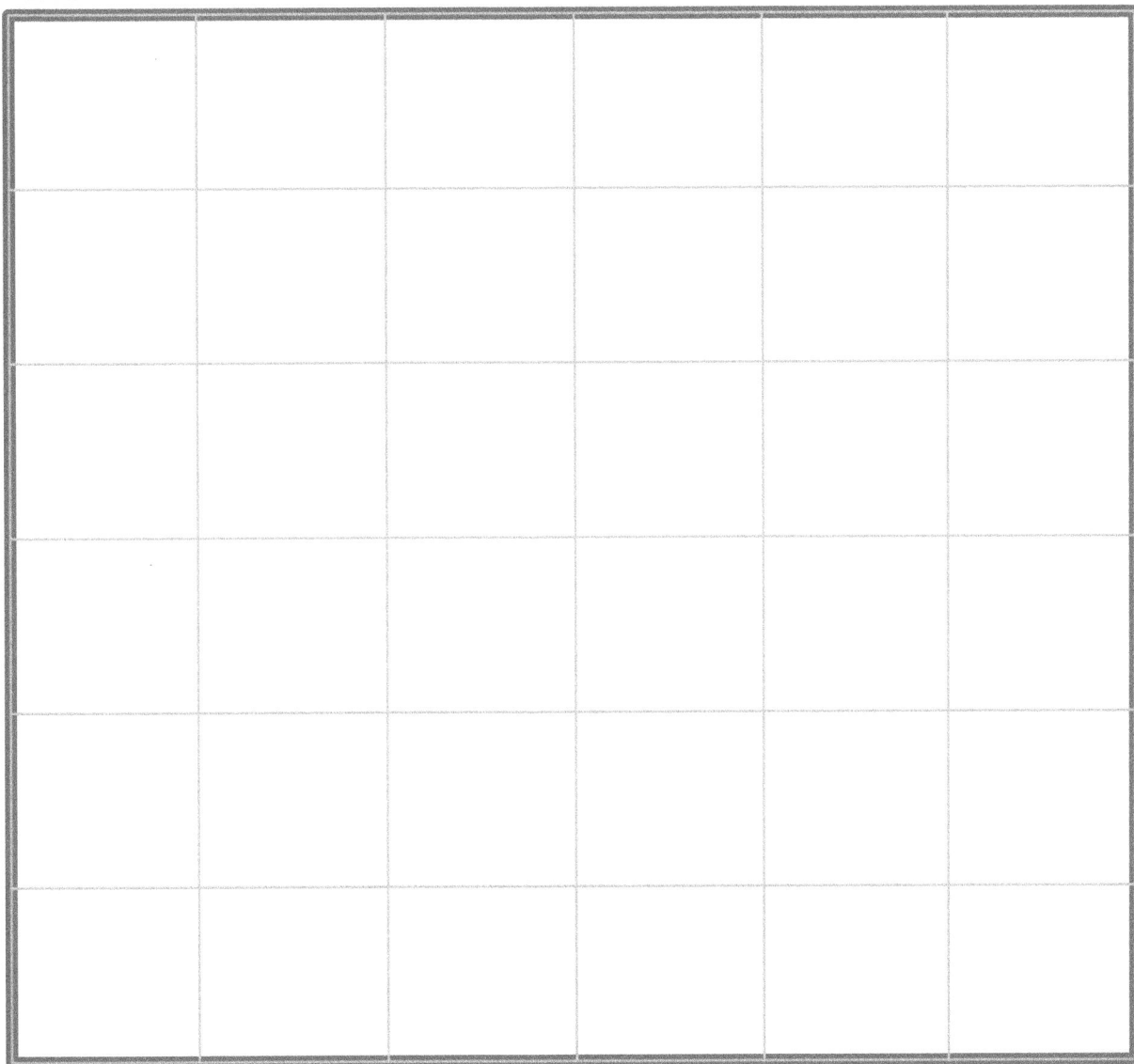

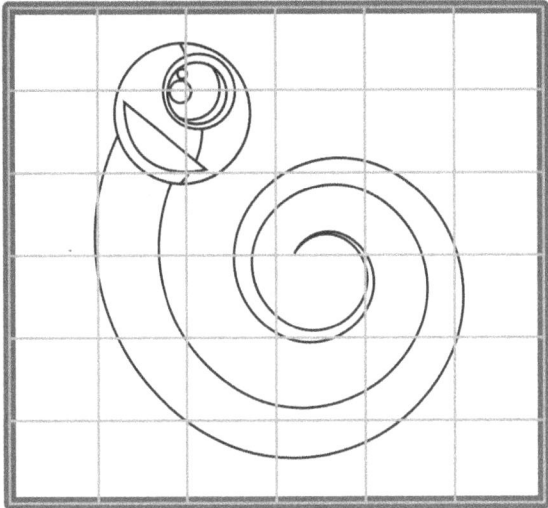

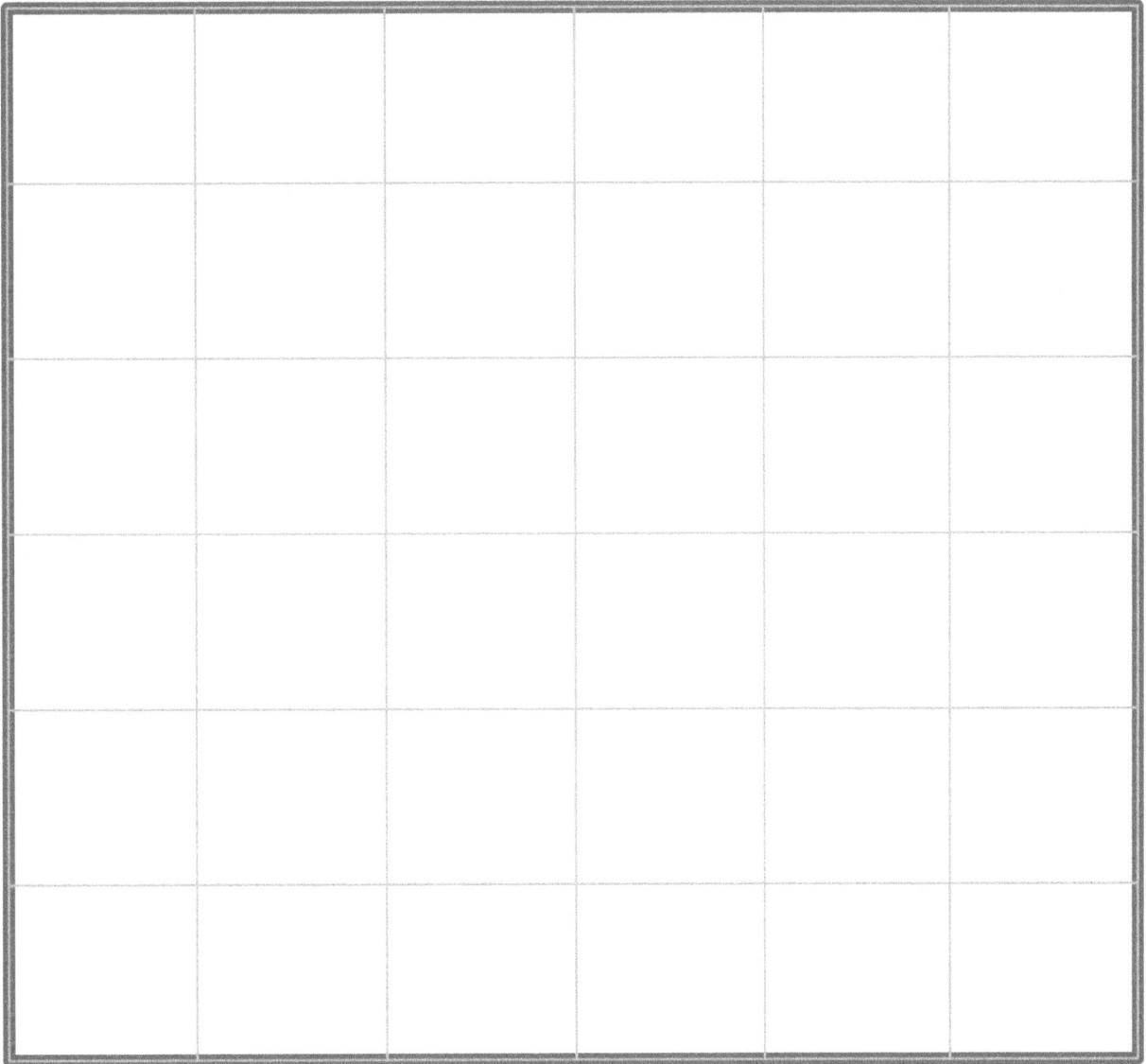

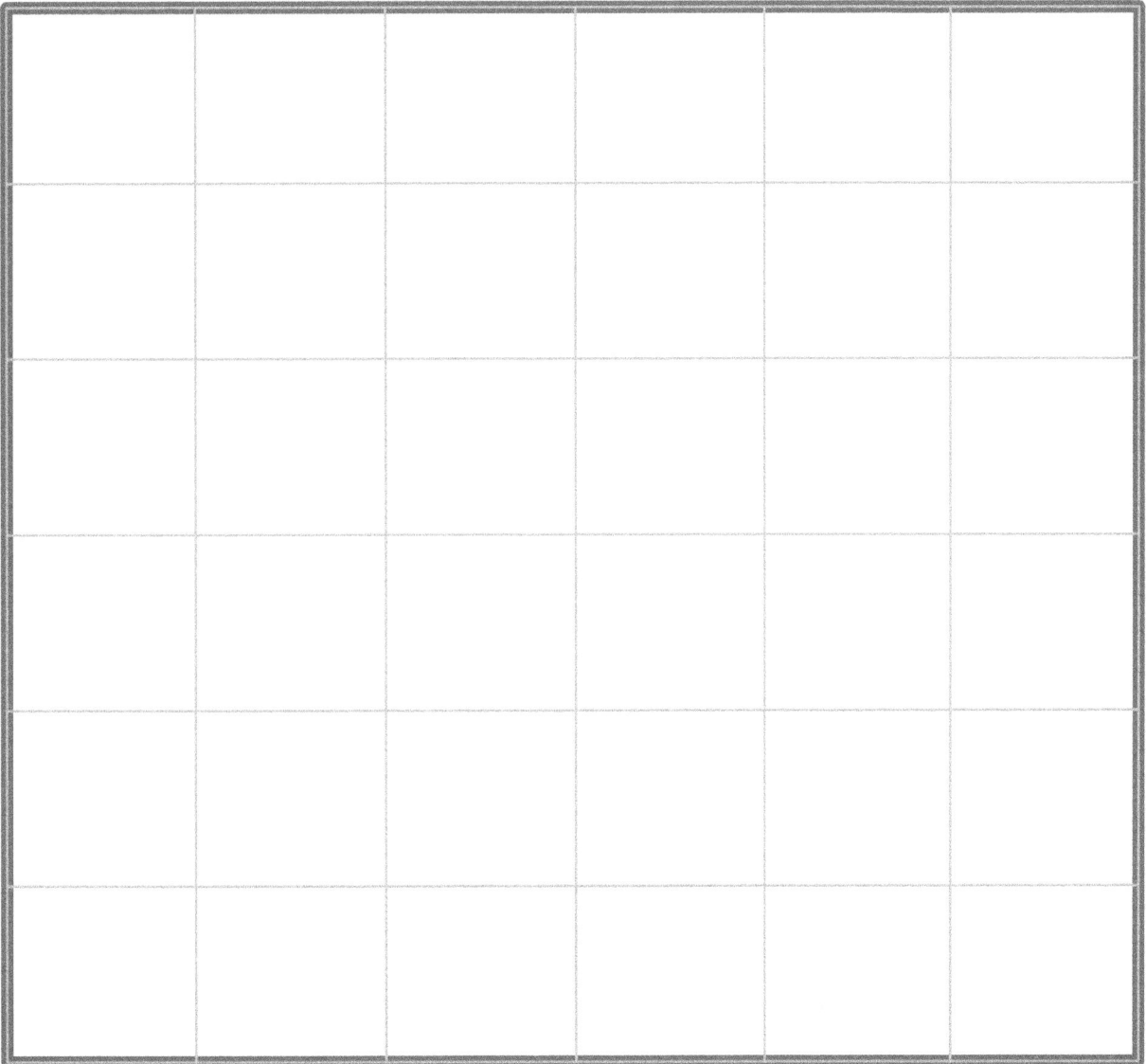

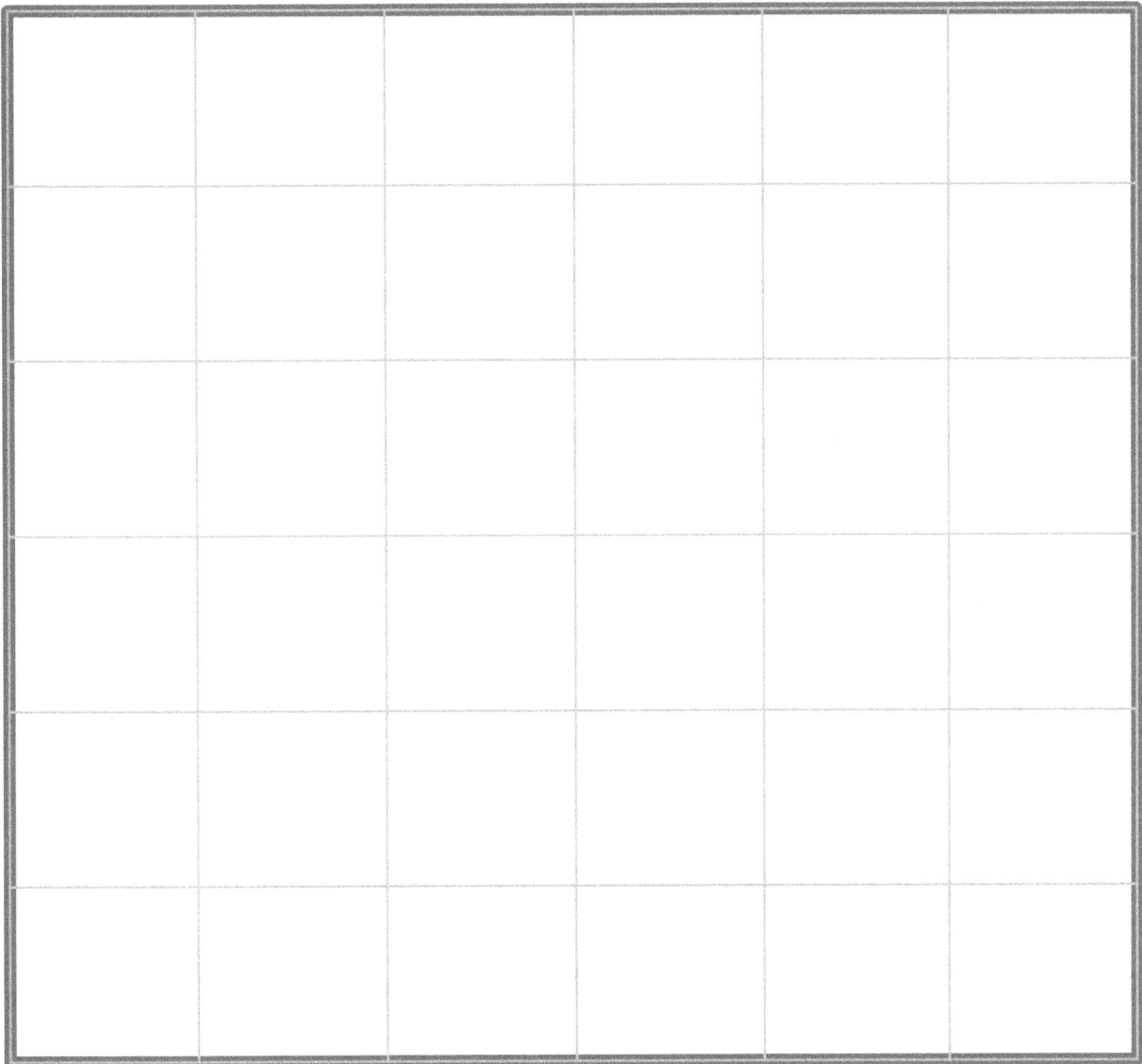

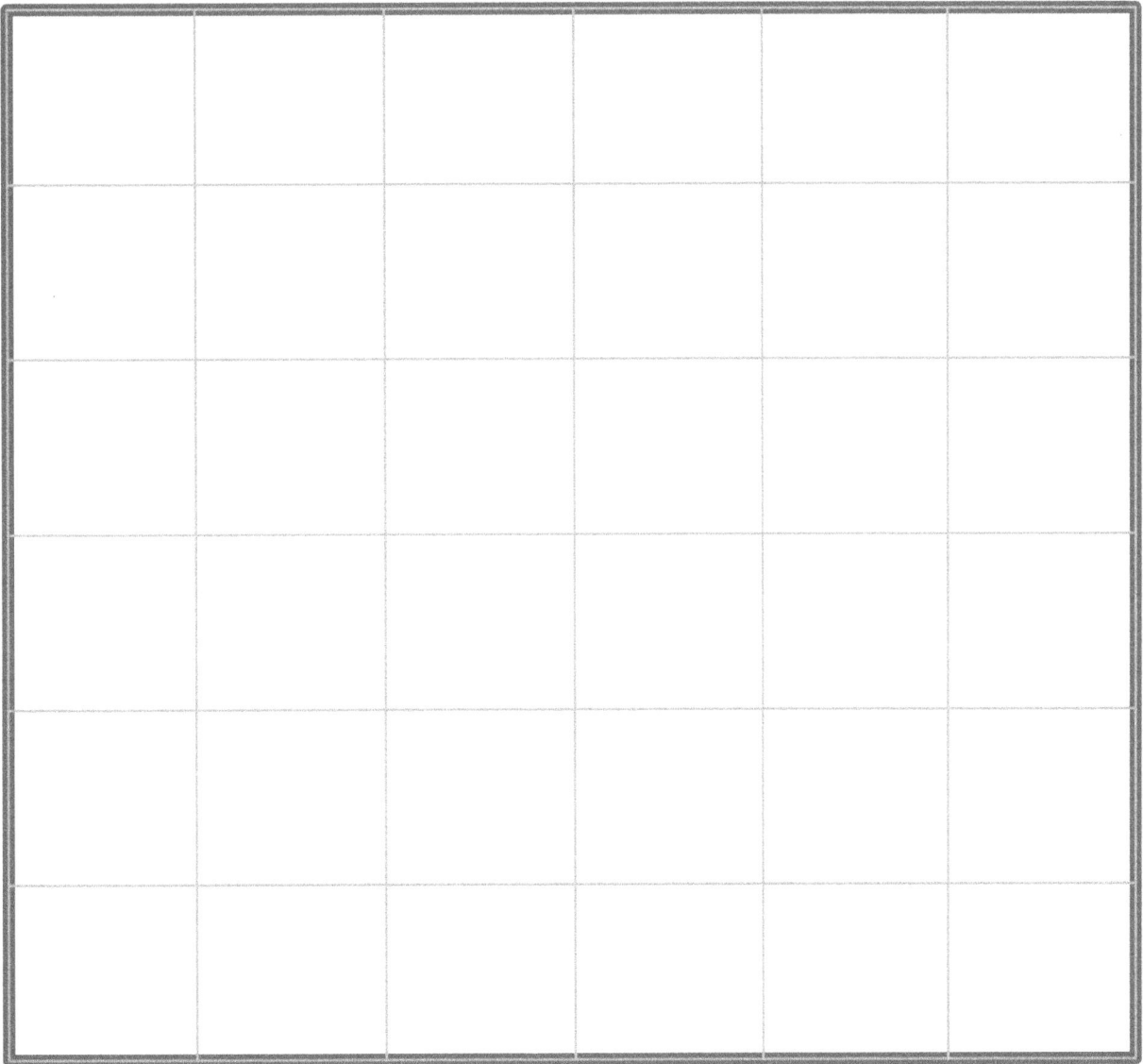

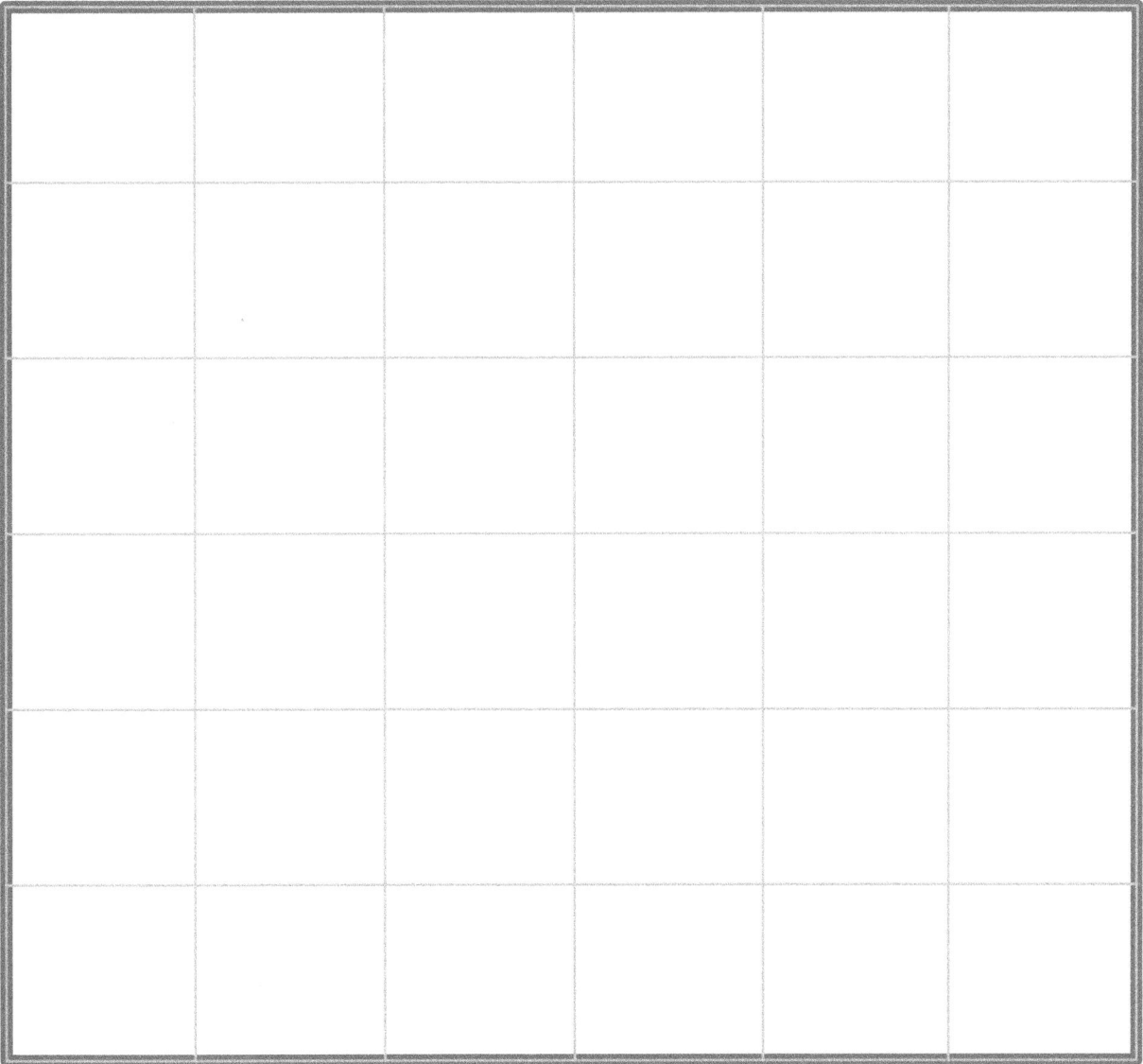

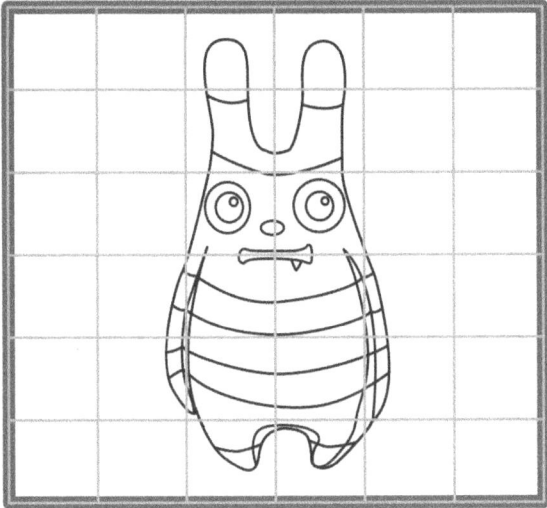

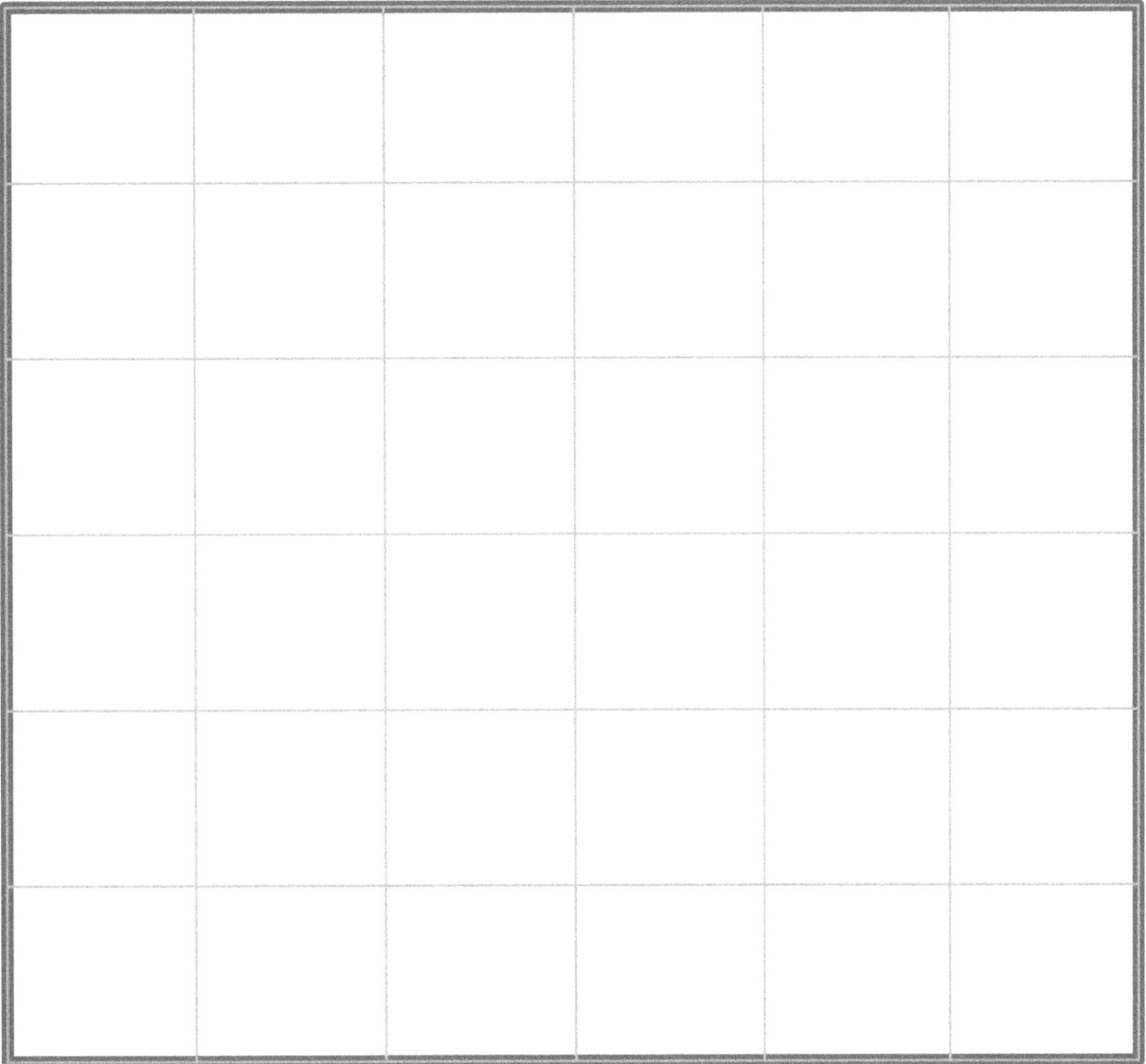

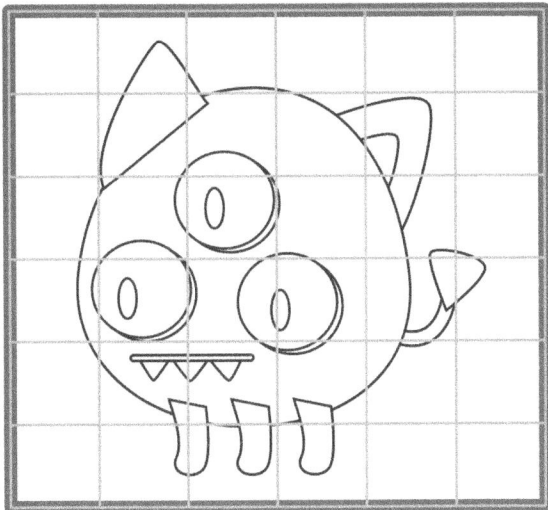

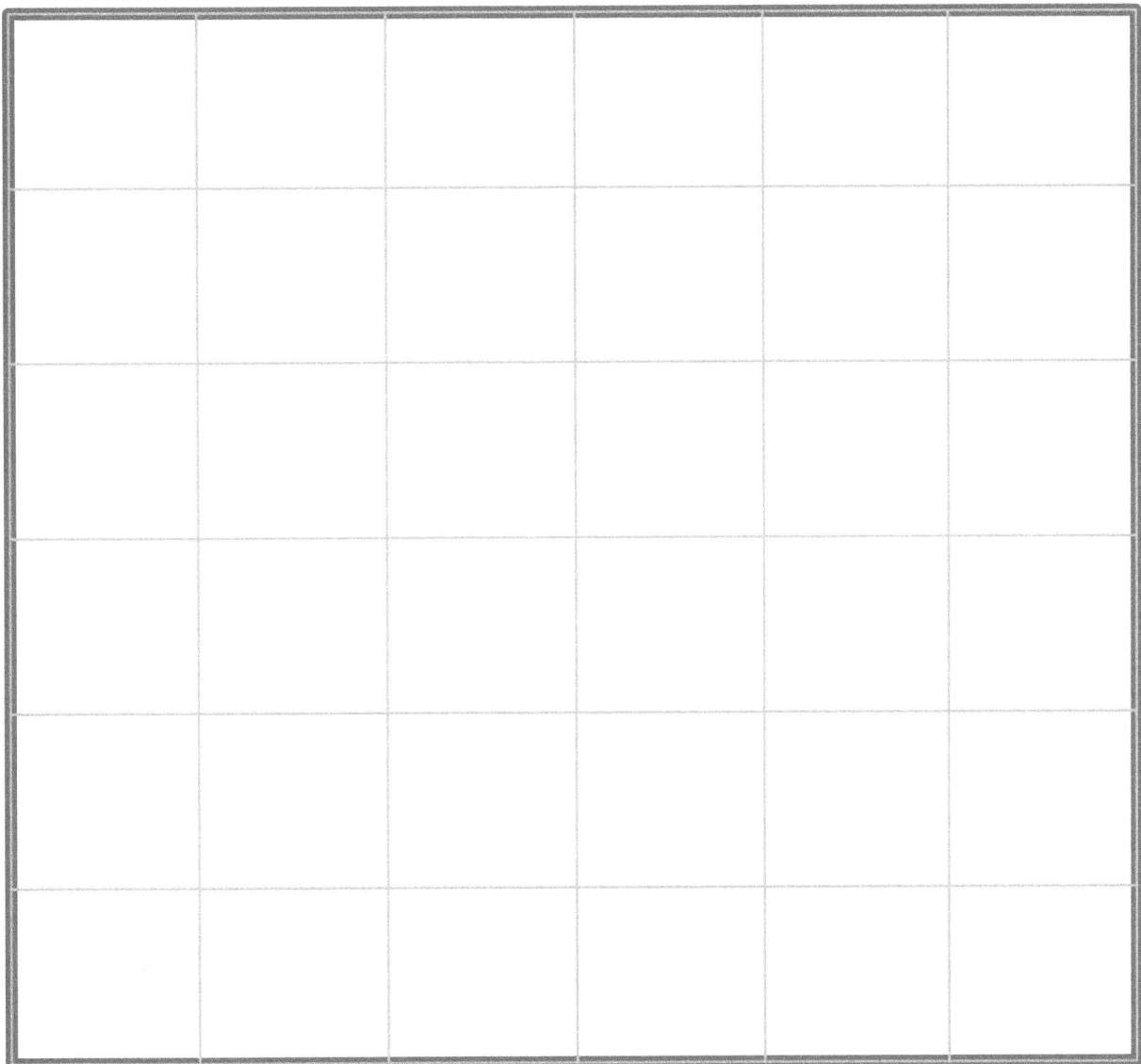

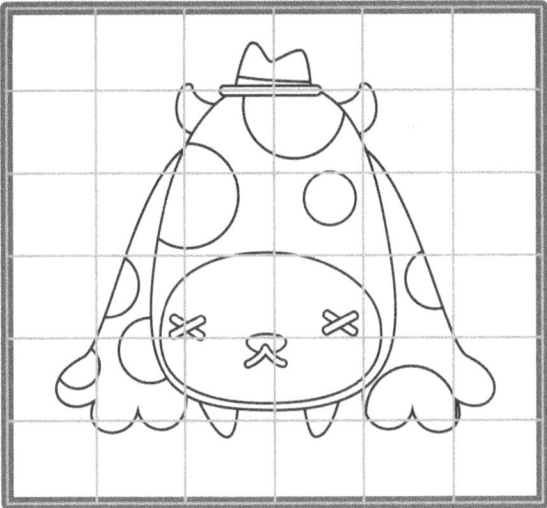

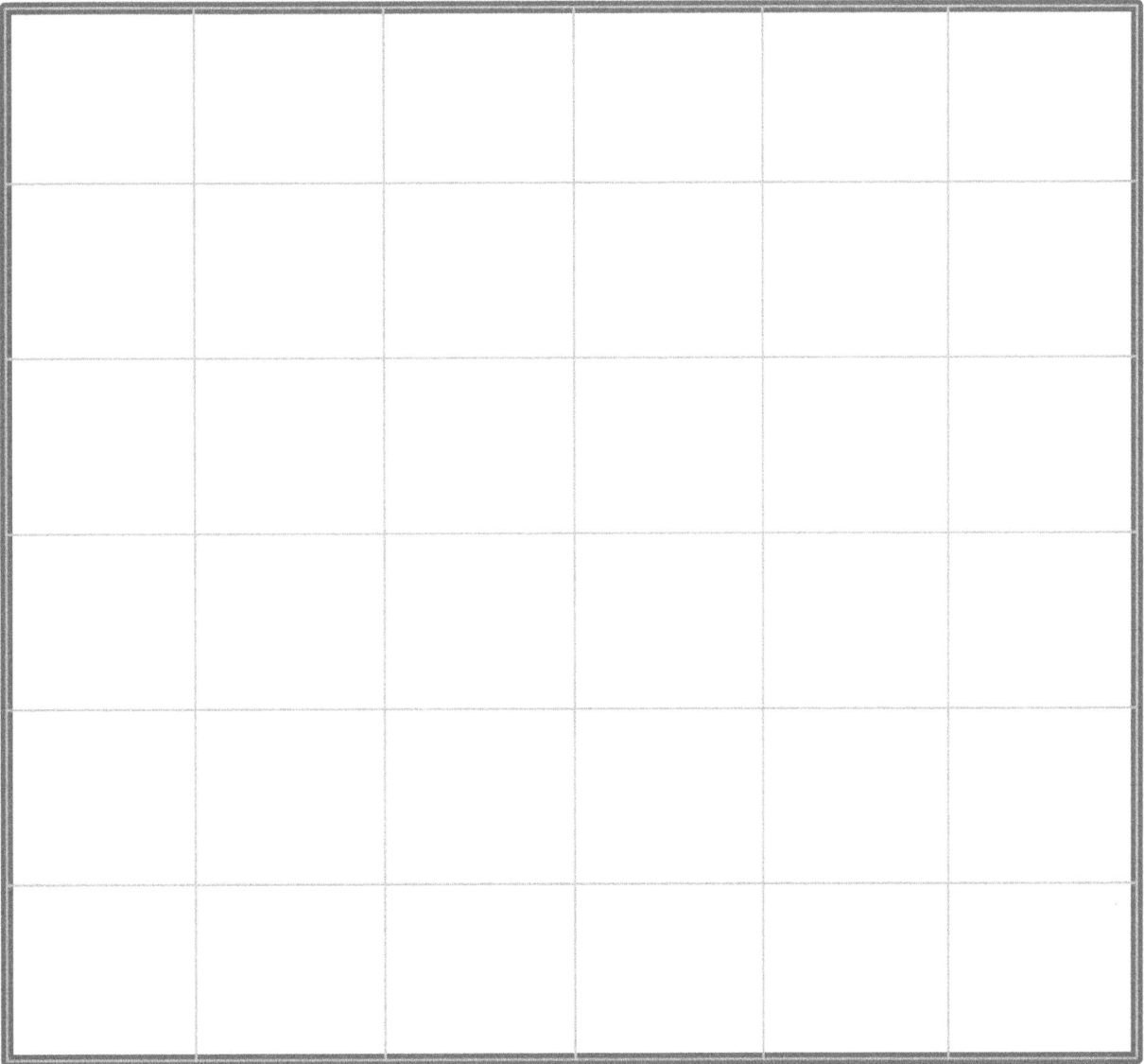

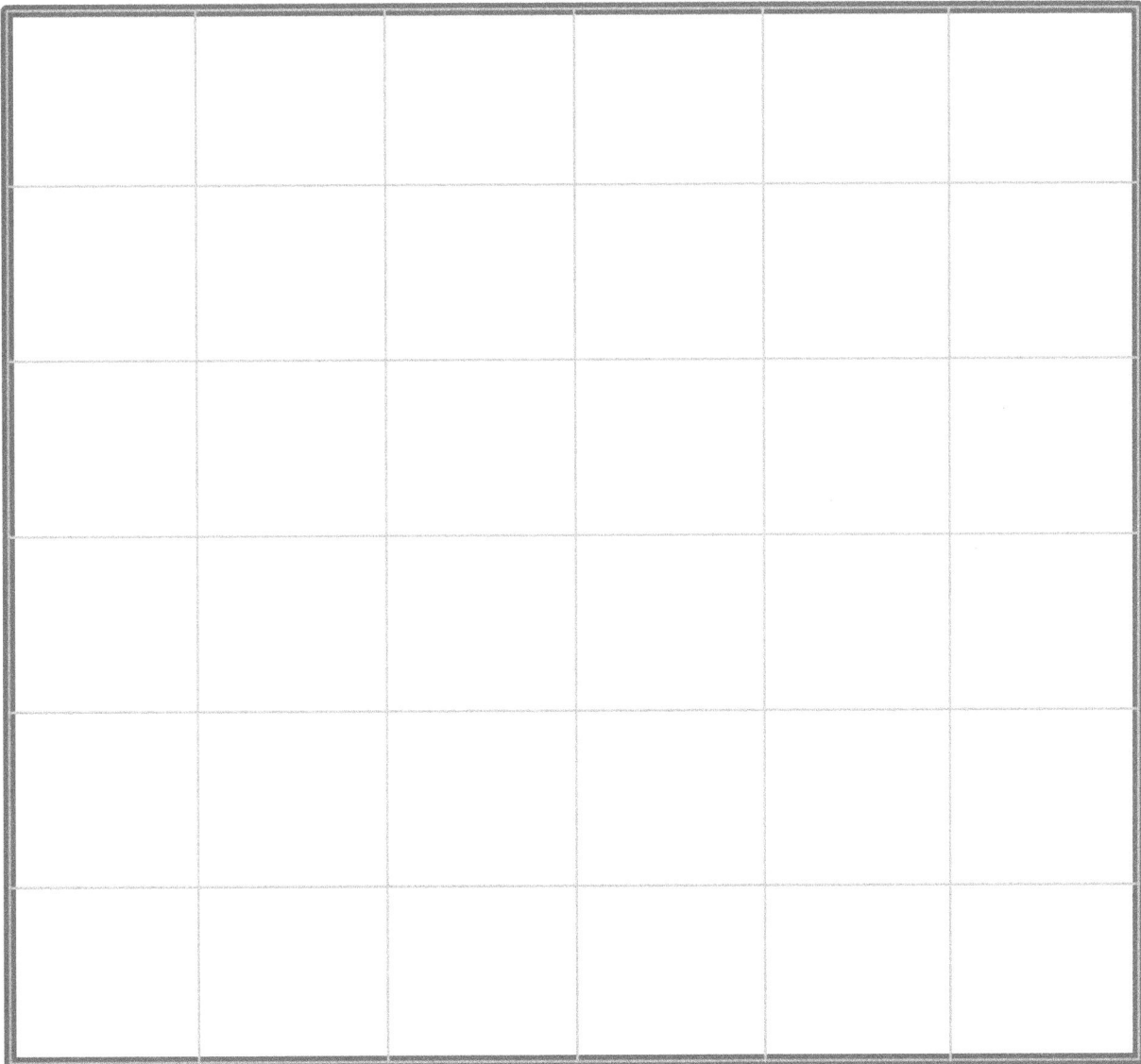

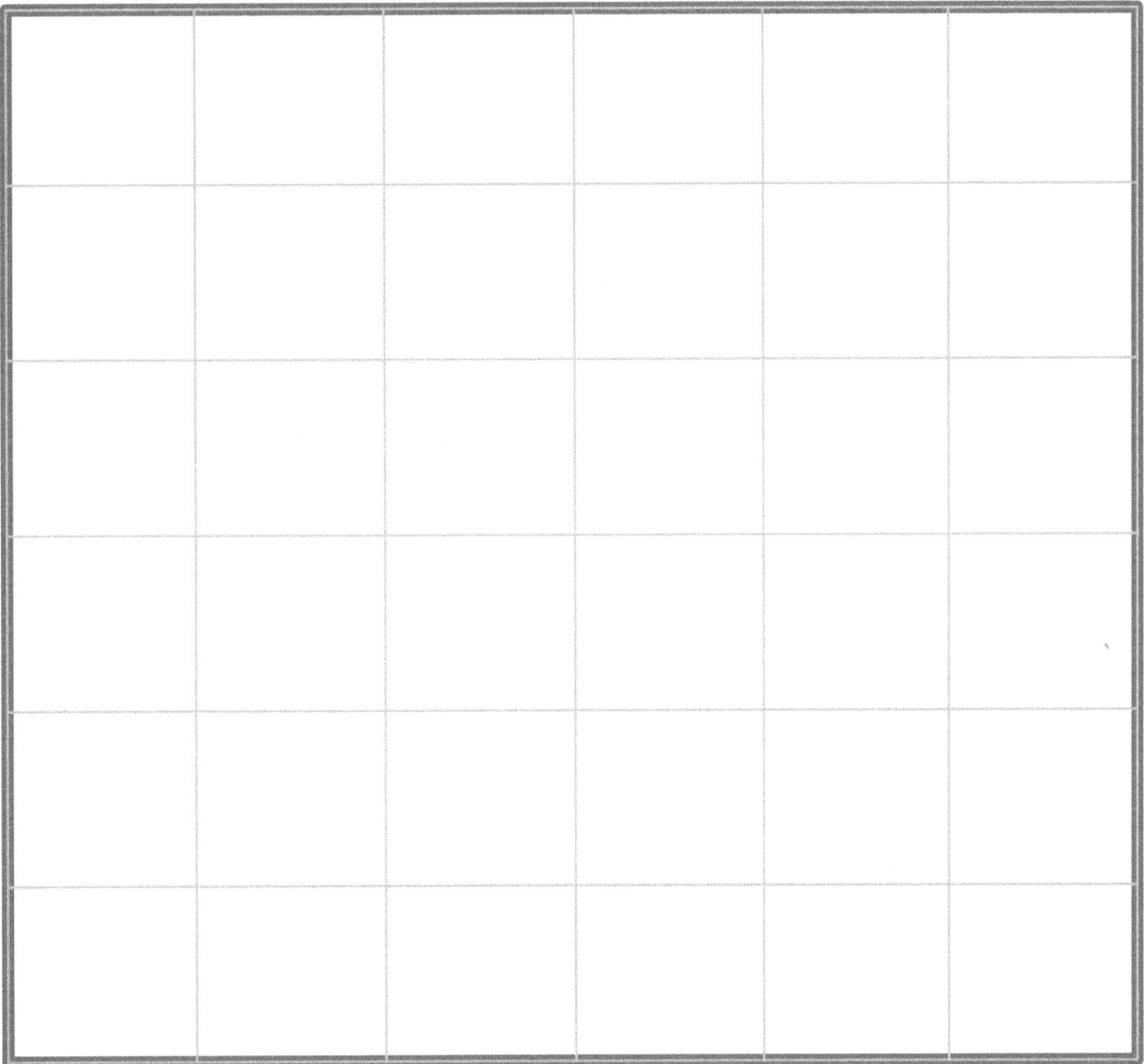

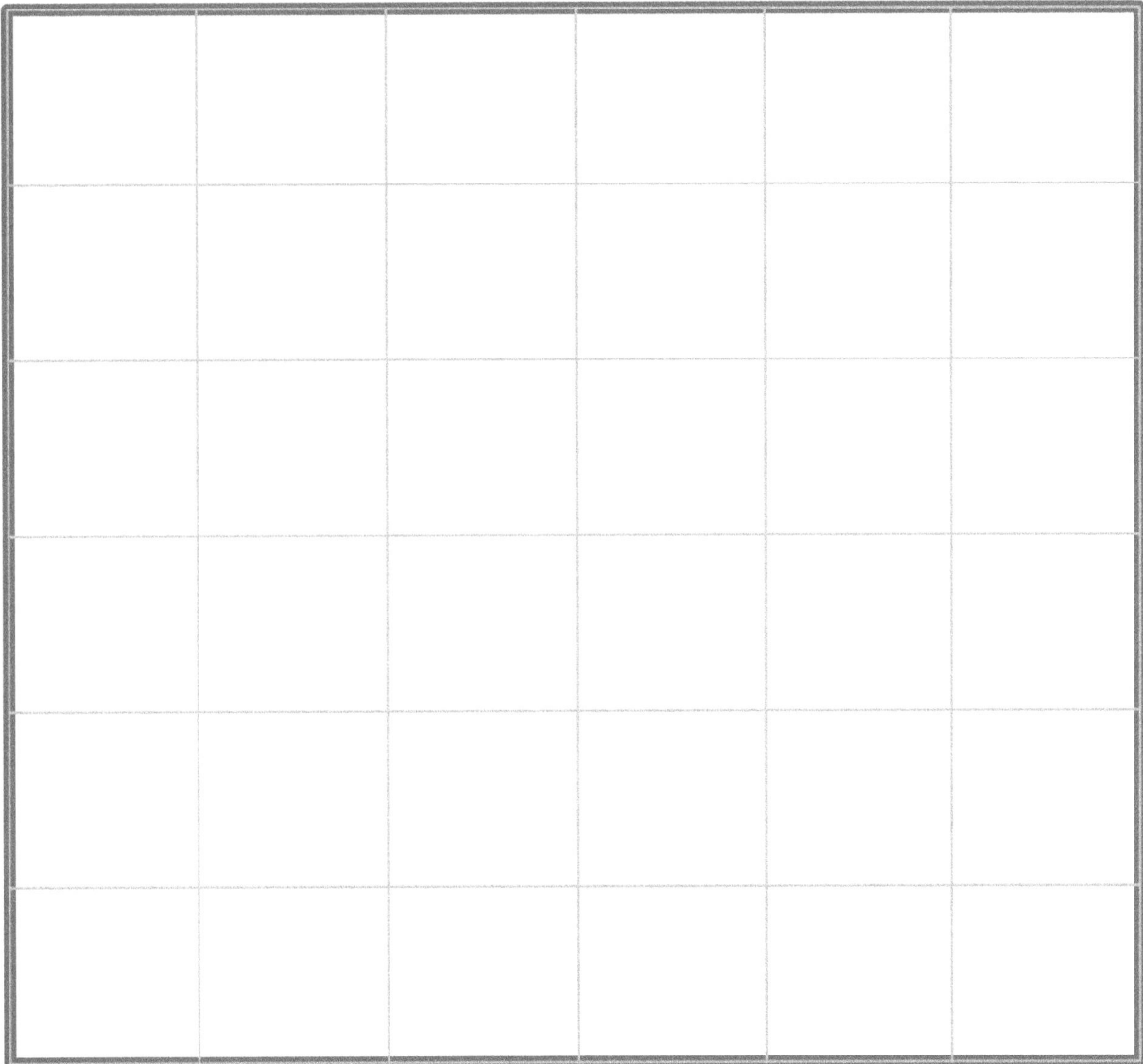

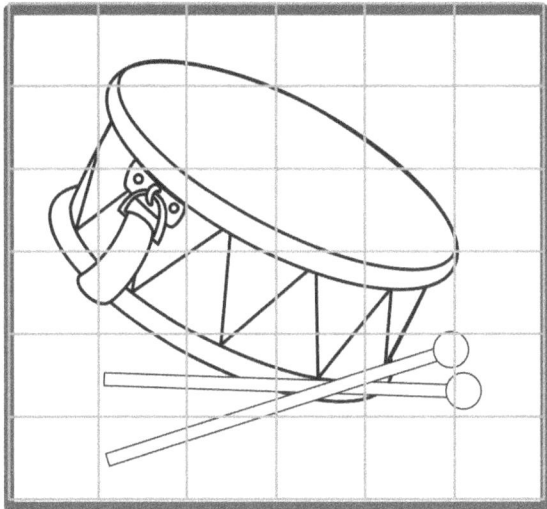

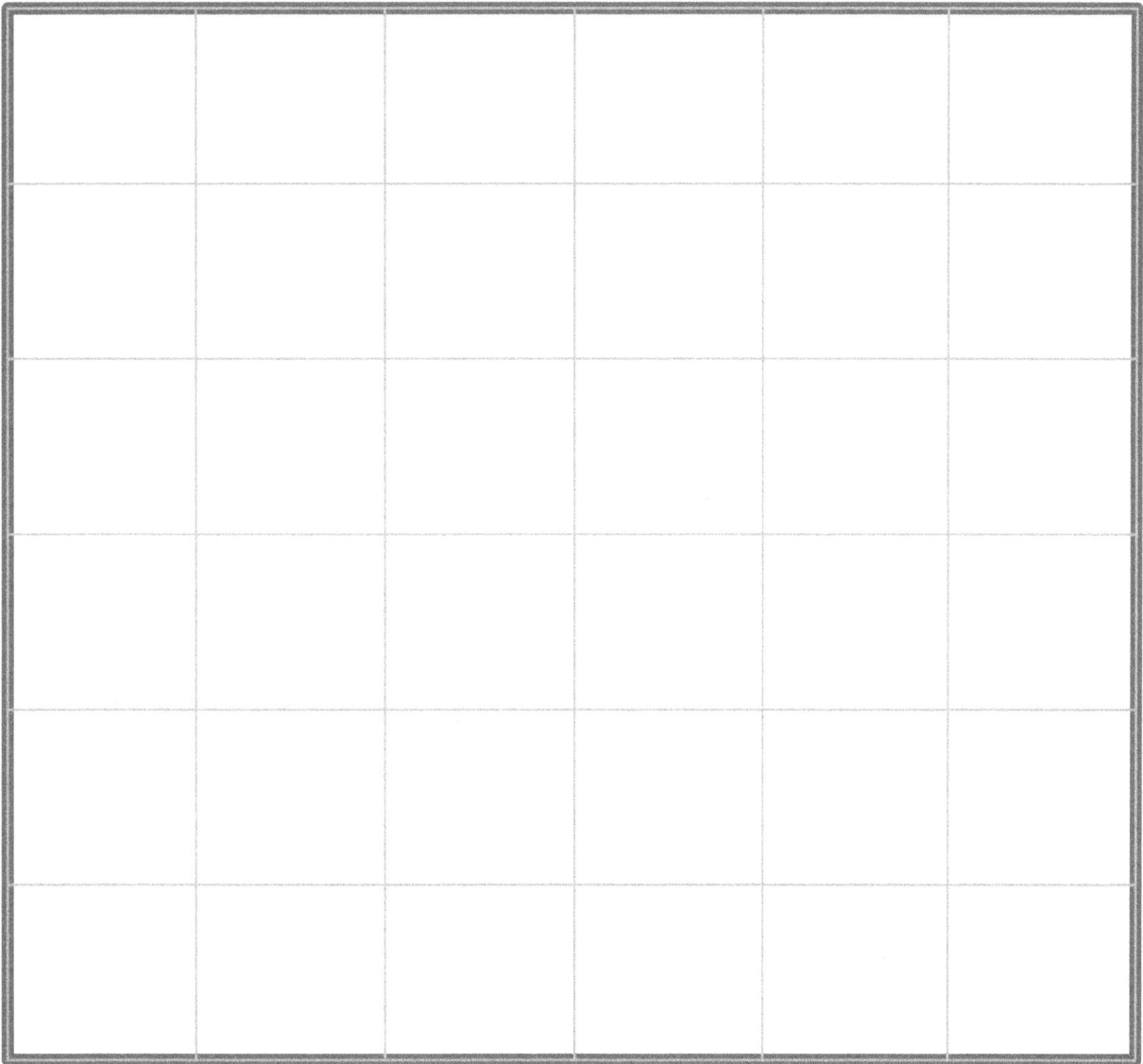

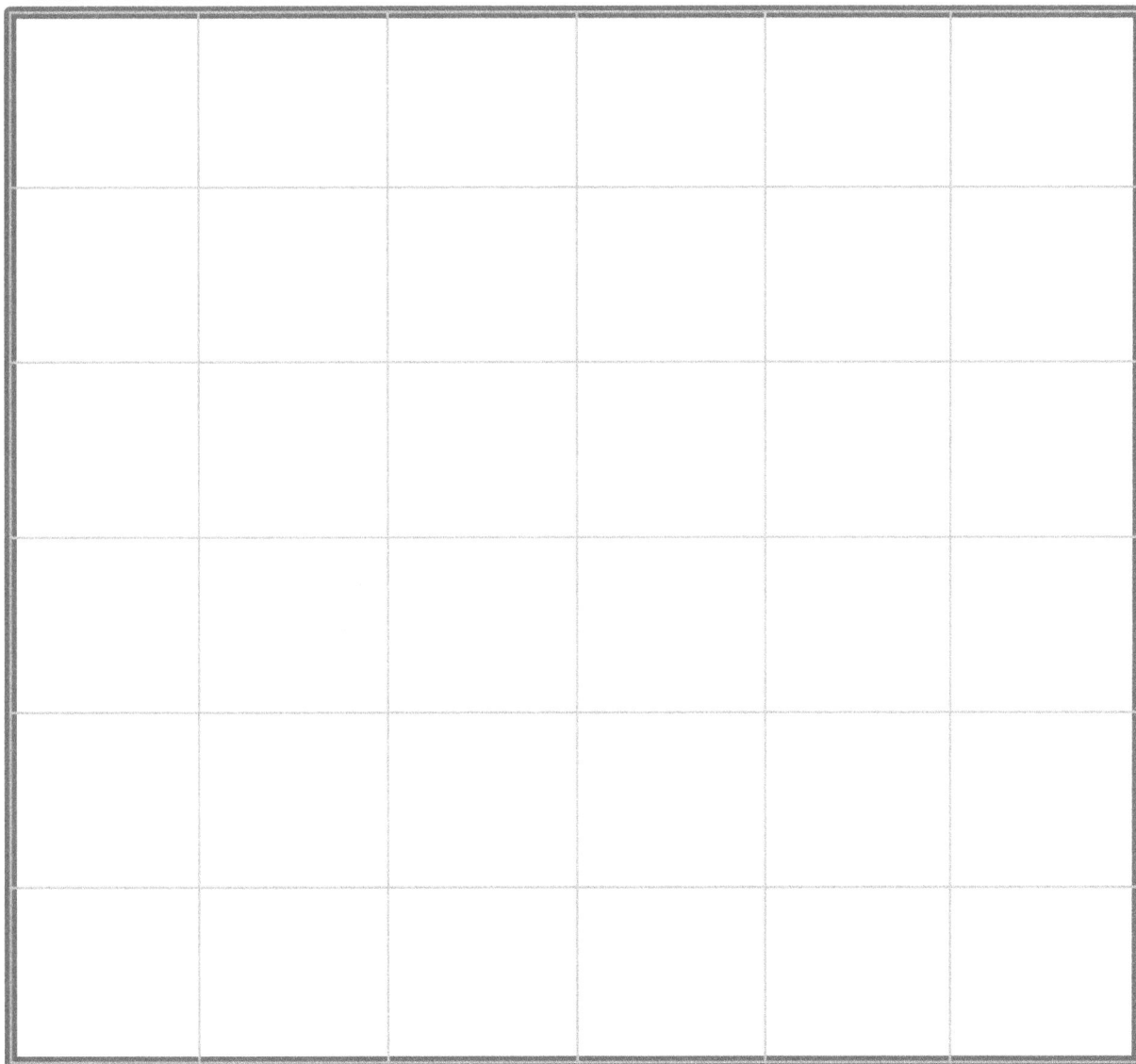

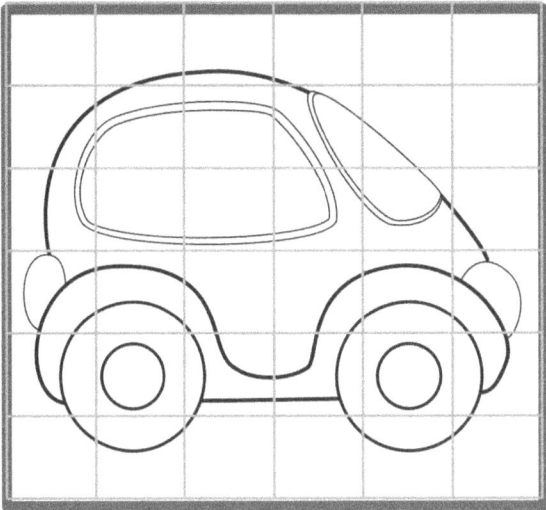

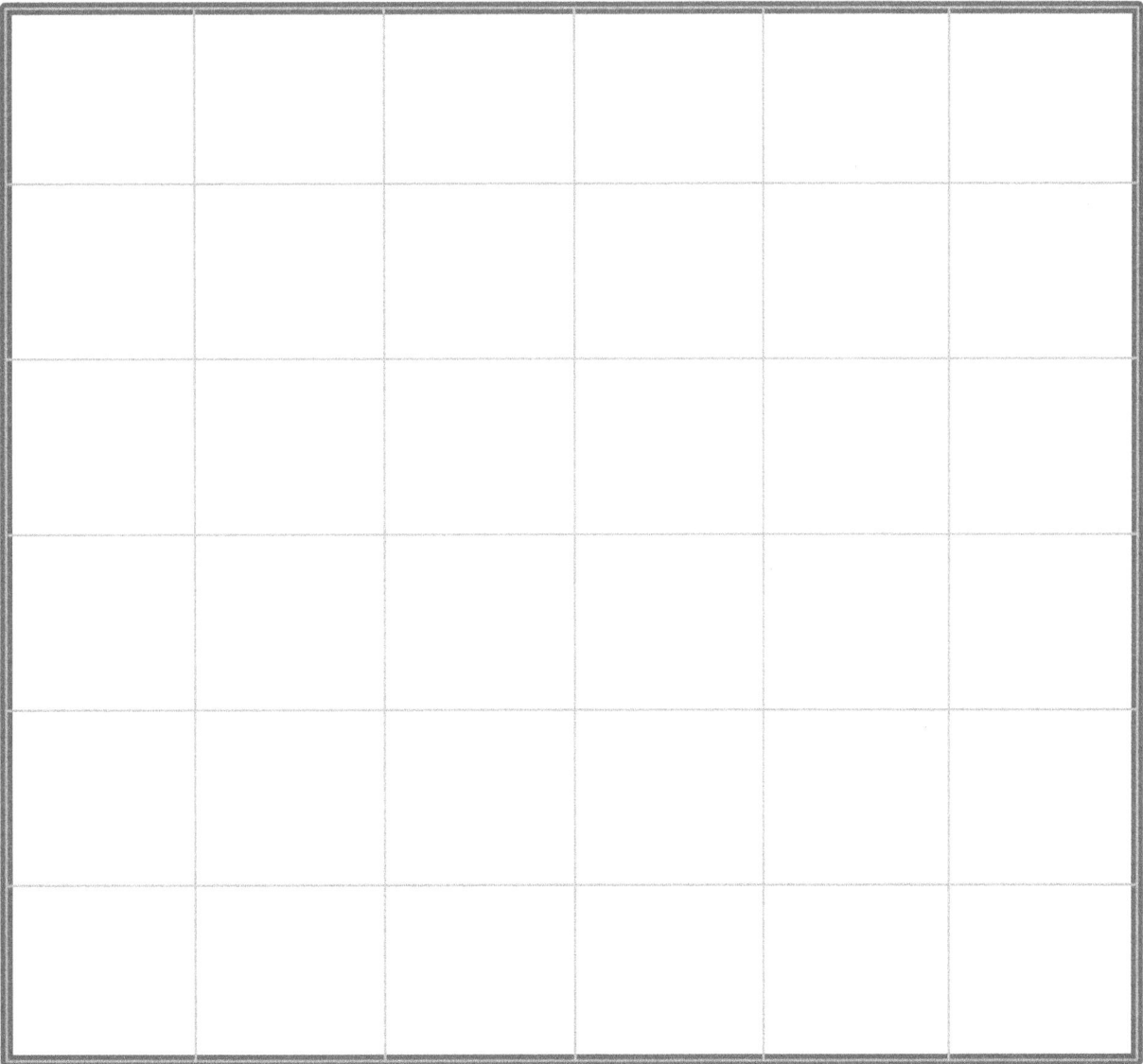

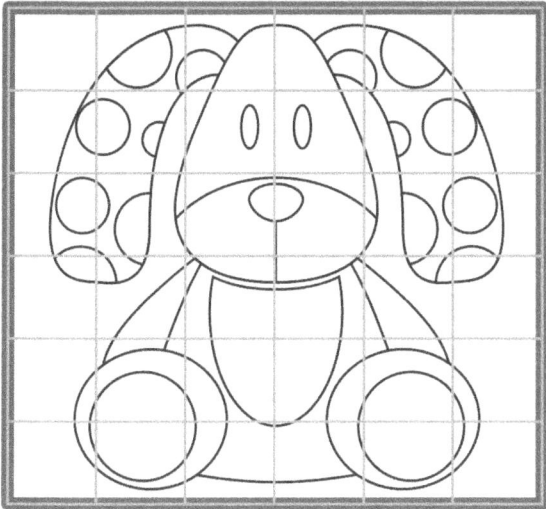

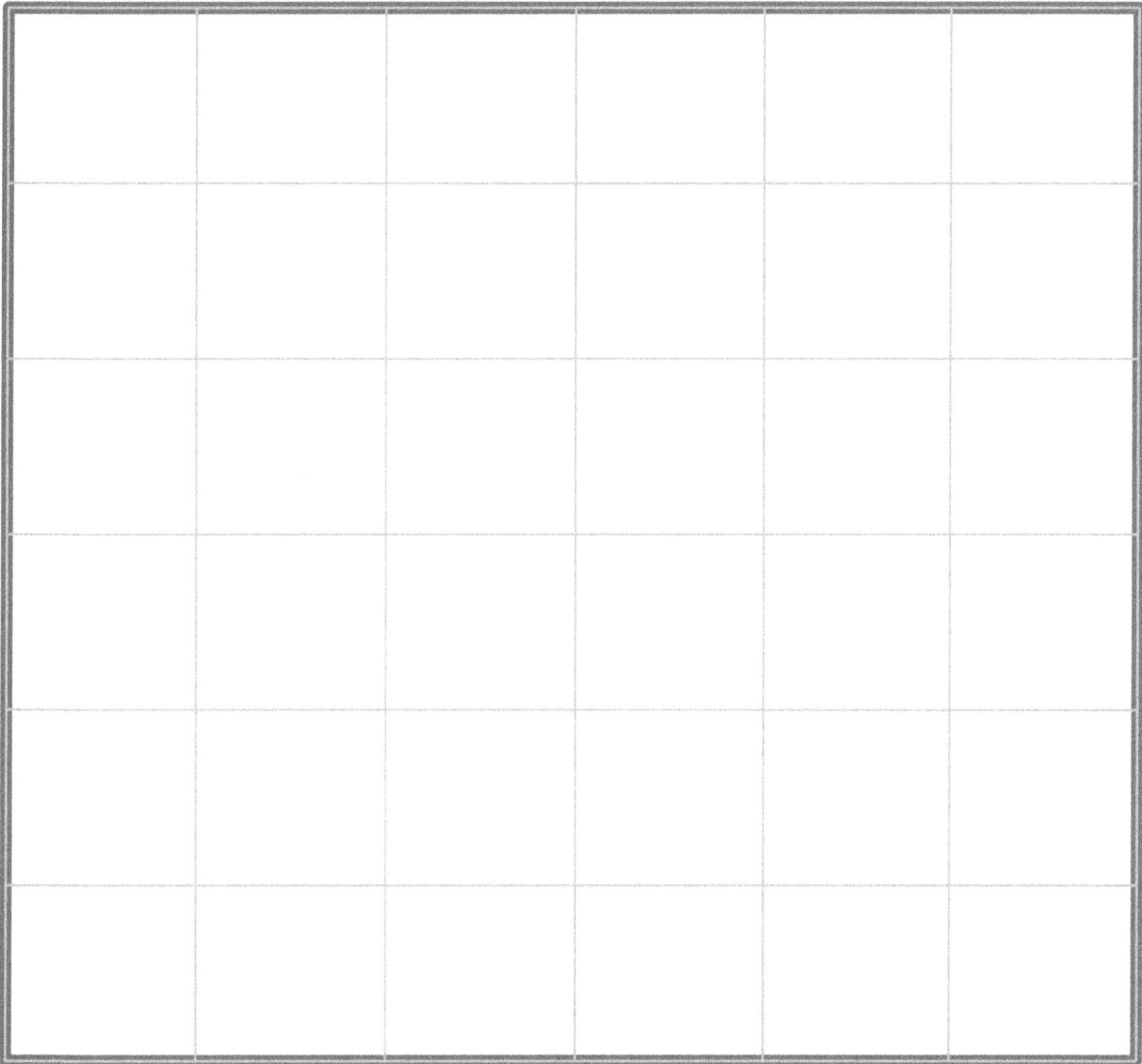